KONFIRMATION FINDE DEINEN WEG!

WIE DU AM BESTEN IN DIE ERWACHSENENWELT STARTEST

Christiane Schwarzer

HAFTUNGSAUSSCHLUSS

Erwachsen werden, bedeutet Verantwortung für dich selbst zu übernehmen. Dazu gehört auch, deine finanzielle und sonstige Lebenslagen zu reflektieren, selbst einzuschätzen wieviel Risiko du eingehen möchtest bzw. kannst und bei Schwierigkeiten Hilfe von Experten zu holen. Hier im Buch werden Beispiele für verschiedene Vorgehensweisen vorgestellt. Sie sind rein didaktischer Natur und dienen nicht als Anlage- oder sonstige Empfehlungen. Die Autorin kann daher keine Haftung für Schäden übernehmen, die aus der Befolgung der in diesem Buch gegebenen Empfehlungen resultieren.

IMPRESSUM

Konfirmation – Finde deinen Weg!
2. Auflage September 2019

Autorin:
Christiane Schwarzer * Frankenstr. 22 * 76287 Rheinstetten

Cover:
Bild: Maria Savenko / shutterstock.com
Coverdesign: Thomas Breher / info@tbitdesign.com

ISBN:
9781095783771

Imprint:
Independently published

„Der Herr ist mein Hirte;

mir wird nichts mangeln.

Er weidet mich auf einer grünen Aue und führet mich zum frischen Wasser.

Er erquicket meine Seele.

Er führet mich auf rechter Straße um seines Namens willen.

Und ob ich schon wanderte im finstern Tal,

fürchte ich kein Unglück;

denn du bist bei mir,

dein Stecken und Stab trösten mich.

Du bereitest vor mir einen Tisch im Angesicht meiner Feinde.

Du salbest mein Haupt mit Öl und schenkst mir voll ein.

Gutes und Barmherzigkeit werden mir folgen mein Leben lang,

und ich werde bleiben im Hause des Herrn immerdar."

Psalm 23

INHALTSVERZEICHNIS

VORWORT

Du hältst dieses Buch wahrscheinlich als dein Geschenk zur Konfirmation in der Hand.

Herzlichen Glückwunsch auch von mir! Wie war der Tag für dich? Hattest du einen schönen Gottesdienst und anschließend noch eine tolle Feier?

Und jetzt, wenn die Party vorbei ist: Was bedeutet deine Konfirmation eigentlich für dich?

Du kannst auf ein Jahr Konfirmandenunterricht zurückblicken. Du hast viel gelernt über das kirchliche Leben und Rituale in Gottesdienst und Alltag. Vielleicht warst du auch auf einer Freizeit mit anderen Konfirmanden. Oder du hast tatkräftig in deiner Gemeinde mitgeholfen. Durch die Konfirmation hast du noch einmal aktiv und bewusst „ja" zu Gott und deinem Glauben gesagt. Du bist jetzt ein vollwertiges Mitglied der Kirche und deiner Gemeinde.

Früher war die Konfirmation auch ein Fest, welches das Ende der Schulzeit markierte. Sie bedeutet auch heute noch, die Tür zur Kindheit zu schließen und die nächsten Schritte in die Erwachsenenwelt zu gehen. Du bist nun kirchenrechtlich ein mündiges Mitglied deiner Gemeinde und deine Paten bleiben dir hoffentlich verbunden, aber ihre Aufgabe endet nun. Eventuell wirst du ab jetzt in der Gemeinde und der Schule sogar gesiezt, aber was wirklich einen Erwachsenen ausmacht und wie du nun starten sollst, hat dir wahrscheinlich keiner so richtig erklärt.

Aus meiner heutigen Erwachsenen-Sicht finde ich das total schade. Wir Erwachsenen blicken auf die Zeit zurück, die hinter uns liegt und erkennen ungenutzte Chancen - manche von uns viele und manche nur wenige. Einige Erwachsene erkennen irgendwann auch, dass sie „nur irgendwie vor sich hin gelebt haben" und nie den Mut und das Vertrauen auf Gott aufgebracht haben, selbstbestimmt zu leben. Dabei ist der Unterschied eigentlich sehr leicht zu erkennen: Kinder lassen sich durch die Welt treiben und sind auf Erwachsene in ihrem Umfeld angewiesen. Erwachsene hingegen übernehmen mit Gottes Hilfe selbst die Verantwortung für sich, sie treffen ihre eigenen Entscheidungen und müssen für deren Folgen einstehen. Deine Konfirmation symbolisiert dir, dass du nun in den Kreis der Erwachsenen deiner Gemeinde aufgenommen wurdest. Du hast ab jetzt die Möglichkeit, in deinem Leben mehr und mehr das Steuer selbst zu übernehmen. Du hast die Wahl, dich weiterhin wie ein kleines Kind behandeln und (an)treiben zu lassen - oder du kannst dich dafür entscheiden, einfach selbst die Grundlagen für die nächsten Jahre zu schaffen. Jetzt beginnt die Zeit, dein Leben selbst aktiv und nach christlichen Werten zu gestalten, deine Identität für dich zu klären, neugierig zu experimentieren und immer wieder mehr über dich selbst, deine Stärken und deine Schwächen, deine Träume und Ziele, aber auch über deine Sorgen und Ängste zu lernen.

Kurz: Du kannst entdecken, wer du bist und wer du sein willst!

Ich finde, das klingt mehr als verheißungsvoll: Die Zeit deiner Selbstentfaltung ist gekommen - ich wünsche dir von Herzen alles Gute, viel Erfolg und vor allem Spaß dabei!

ANLEITUNG: WIE NUTZT DU DIESES BUCH FÜR DICH?

Dieses Buch ist in vier Teilen aufgebaut. Es geht zum einen um Geld, denn je besser du mit deinem Geld umgehen kannst, um so besser kannst du dich entfalten. Ein weiteres Kapitel widmet sich dem Thema Schule und wie du dich gezielt auf den Weg zu einem (sehr) guten Schulabschluss machen kannst. Der letzte Schwerpunkt liegt auf Beruf und Berufswahl, damit du dich besser entscheiden kannst und nicht einfach irgendwie in eine Ausbildung oder ein Studium hineinschlitterst. Das vierte Kapitel ist eine Sammlung mit verschiedenen Tipps und Tricks.

Wie nutzt du dieses Buch für dich am besten?

Als Erwachsener entscheidest du selbst, in welcher Reihenfolge du dieses Buch liest. Beginne mit dem Thema, das dich am meisten interessiert oder bei dem du am meisten Probleme für dich siehst. Kannst du dich nicht entscheiden, dann fang einfach vorn an! In jedem Teil gibt es Aufgaben für dich, die du erledigen musst. Du findest im ganzen Buch To-do-Listen und Textfelder, um deine Notizen festzuhalten. Nimm dir deine Zeit! Arbeite dich Schritt für Schritt durch das Buch. Vielleicht brauchst du auch jemanden, mit dem du dich zwischendurch darüber austauschen kannst. Dabei ist eine Person deines Vertrauens am besten geeignet. Das können deine Eltern, Großeltern oder andere Verwandte sein. Aber auch deine Freunde, Paten oder jemand deines Vertrauens aus der Gemeinde.

Nach jedem Kapitel hältst du am besten alle offenen To-dos und Gedanken schriftlich fest, die aufgekommen sind. Deinen Fortschritt kannst du mit dem abhaken der To-do-Liste nach jedem Kapitel besser überschauen.

Achtung:
Du hast sicher schon gemerkt: einen sehr wichtigen Teil auf deinem Lebensweg habe ich nur extrem kurz im Teil 4 angeschnitten - nämlich Beziehungen, Liebe und Sexualität.

Ich finde, dass du deine Jugend nutzen solltest, um in der Liebe verschiedene Erfahrungen zu machen. Ein gebrochenes Herz mit 14 tut ziemlich weh, aber du lernst etwas dabei. Was hat in der Beziehung zum Bruch geführt? War es meine Schuld? Wo sind meine Grenzen? Was werde ich nie mehr akzeptieren? Worauf werde ich in Zukunft bei der Partnerwahl achten? Wobei kann ich auch Kompromisse machen?
Ein gebrochenes Herz tut zwar als Erwachsener genauso weh, aber

vielleicht hast du mit 14 dann schon eine Lektion gelernt, die dich mit 41 komplett aus der Bahn werfen würde.

Und jetzt: Los! Finde deinen Weg!

TEIL 1: OHNE MOOS NIX LOS - KÜMMERE DICH UM DEIN GELD

Knapp bei Kasse zu sein und null Plan von seinen Finanzen zu haben, das stellt eine der größten Schwierigkeiten im Erwachsenenleben dar. In der Schule lernst du zwar wie unsere Wirtschaft funktioniert, aber nicht wie du am besten mit deinem Geld umgehst, um für dich Ruhe, Sicherheit und Geborgenheit zu erzeugen und deine Träume zu verwirklichen. Bist du bereit für diesen Schritt? Dann starten wir mal mit ein paar Erklärungen - lies sie durch, ist wichtig!

MONEY BASICS

Vorab: Erst mit 18 Jahren bist du „voll geschäftsfähig"- du darfst erst dann eigenständig Verträge mit Banken schließen. Du brauchst also die nächsten Jahren noch die Hilfe deiner Eltern, um deine Finanzen zu regeln. Trotzdem lohnt es sich jetzt schon - denn das achte Weltwunder wartet auf seine Entdeckung!

Bargeld

Das ist das Geld, das du anfassen kannst. Es liegt in Münzen und Scheinen in deiner Geldbörse, deinem Sparschwein oder unter deiner Matratze.

Sparbuch

Ein Sparbuch ist tatsächlich ein kleines Büchlein, in dem alle deine Ein- und Auszahlungen vermerkt sind. Für eine Auszahlung musst du persönlich an den Schalter in deiner Bank gehen. Durch sehr niedrige oder keine Zinsen hat das Sparbuch allerdings an Bedeutung verloren, wahrscheinlich verliert dein Geld hier mehr an Wert als es an Zinsen erwirtschaftet. Warum es an

Wert verliert? Schau mal nach „Inflation“ auf YouTube.

Girokonto

Wenn du dein Geld nicht nur daheim lagern willst, kannst du es auch zur Bank bringen. Die meisten Banken bieten ein kostenloses Jugend-Girokonto an. Dort kannst du Geld einzahlen, es liegen lassen und am Schalter oder Automaten abheben. Du kannst auch Geld an andere Konten überweisen. Das läuft virtuell, ohne dass du Bargeld in die Hand nehmen und irgendwo persönlich übergeben musst. Zum Beispiel, wenn du etwas im Internet gekauft hast und dann die Rechnung bezahlen musst. Dein Girokonto hat eine eigene Nummer - die IBAN. Außerdem hat deine Bank noch eine Banknummer (auch Bankleitzahl genannt) - den BIC. Bei einem Giro-Konto bekommst du eine Giro-Karte. Damit kannst du am Automaten abheben, Kontoauszüge holen und beim Shopping bezahlen. Je nach Bank kannst Du eventuell bereits am Online-Banking teilnehmen.

Tagesgeldkonto

Im Gegensatz zum Giro-Konto ist das Tagesgeldkonto als Anlagekonto gedacht. Hierüber werden keine alltäglichen Bankgeschäfte wie Überweisungen oder Abheben am Automaten erledigt. Du legst das Geld auf dieses Konto, um im Gegenzug Zinsen (kommt noch) zu kassieren. Vorteil dabei: es funktioniert wie dein Sparschwein. Du legst Geld hier hinein und kannst es auch jederzeit wieder abziehen. Es ist also täglich verfügbar. Im Gegensatz dazu gibt es noch Festgeld. Dabei überlässt du einen bestimmten Betrag der Bank für eine festgelegte Zeit. Dafür bekommst du etwas mehr Zinsen, aber kannst erst nach Ablauf der vereinbarten Zeit wieder über dein Geld verfügen.

Zinsen

Es gibt gute Zinsen und es gibt schlechte Zinsen. Erhöhe die Guten und vermeide immer (!) die Schlechten.

Gute Zinsen sind Zinsen, die du von deiner Bank für die zeitliche Überlassung deines Geldes bekommst. Das ist also so eine Art Nutzungsgebühr, die du für dein Geld, zum Beispiel auf dem Giro-Konto oder dem Tagesgeldkonto. Schau mal auf deine Kontoauszüge. Guthaben-Zinsen werden dort meist zum Ende eines Quartals ausgewiesen.

Schlechte Zinsen sind Zinsen, die du deiner Bank zahlen musst. Wenn du dein Konto überziehst, also mehr abhebst, also eigentlich auf deinem Konto ist, oder Schulden machst (einen Kredit aufnimmst), dann musst du Zinsen für die Nutzung der Kohle der Bank zahlen.

Depot

Vielleicht haben deine Eltern auch ein Depot für dich eröffnet und haben dir Aktien oder Fonds gekauft. Eventuell haben sie dort auch einen Sparplan für dich abgeschlossen - zahlen also jeden Monat eine bestimmte Summe in dein Depot ein, um damit bestimmte Wertpapiere zu kaufen. Die Dienstleister, die ein solches Depot und die Durchführung von Wertpapierordern anbieten, heißen Broker - falls dir der Begriff mal unterkommt.

Aktien

Früher konntest du Aktien in Papierform kaufen, deshalb heißt es auch heute noch Wertpapier. Heute werden sie alle virtuell in dein Depot gebucht. Eine Aktie ist eine Urkunde über deinen Anteil am Kapital, also am Vermögen, eines Unternehmens. Macht die Firma mehr Gewinn und entwickelt sich gut, dann steigt auch in der Regel Wert der Aktie - und umgekehrt. Das ist aber nicht immer der Fall, beschäftige dich doch mal mehr damit!

Fonds

Ein Fonds ist eine Art Goldtopf - aber der steht nicht am Ende des Regenbogens, sondern liegt in den Händen eines Fondsmanagers. Dessen Job ist es, das Geld, was viele Sparer in den Goldtopf eingezahlt haben, gewinnbringend anzulegen. In deinem Depot können also auch Fondsanteile liegen. Das nennt sich auch aktiv gemanagter Fonds, weil der Fondmanager immer wieder aktiv Aktien ein- und verkauft, um möglichst viel Geld zu verdienen. Für diese Art Fonds bezahlst du außerdem jährlich Gebühren, denn die Arbeit der Fondsmanager kostet Geld.

Indexfonds

Indexfonds nennt man auch ETF. Dieses Finanzprodukt baut Indices (Mehrzahl von Index) wie den DAX - **D**eutscher **A**ktieninde**X** - nach und profitiert von deren Entwicklung. Auch hier ist das quasi wie ein Goldtopf. Allerdings gibt es keinen Fondsmanager, der das Geld hin und her schichtet. Man hofft auf Wachstum des Index und nimmt die positiven Effekte mit. Steigt also der DAX, weil die deutsche Wirtschaft gedeiht und Unternehmen sich gut entwickeln, steigt auch der DAX-ETF - funktioniert jedoch genauso umgekehrt, z. B. bei Wirtschaftskrisen oder sinkender Nachfrage.

Zinseszins-Effekt

Das ist der holy shit deiner Finanzen - Albert Einstein hat den Zinseszins-Effekt angeblich als das achte Weltwunder beschrieben. Und das ist auch der Punkt, weshalb sich frühzeitiges sparen und investieren doch lohnt.

Und es bedeutet auch: je eher du mit sparen und investieren anfängst, umso mehr vermehrt sich dein Geld. Denke also heute schon an dein 60-jähriges Ich, klopf dir kräftig auf die Schulter und sag: „Ich kümmere mich um uns." Im Kern geht es darum, dass du mit deinem Geld über die Zeit einfach weiteres Geld verdienst, indem du es nicht mehr anfasst. Du arbeitest nicht mehr für das Geld, sondern das Geld arbeitet dann für dich.

Beispiel: Du kriegst auf einem Tagesgeldkonto für dein Geld 4 % Zinsen. Du zahlst dort 100 € ein.

Dein Kontostand nach dem 1. Jahr: 104 € (denn 4 % Zinsen von 100 € sind 4 €, also 100 € von dir eingezahlt + 4 € Zinsen von der Bank.

Dein Kontostand nach dem 2. Jahr: 108,16 € (denn 4 % Zinsen von 104 € sind 4,16 €, also 100 € von dir eingezahlt + Zinsen 1. Jahr: 4 € und Zinsen 2. Jahr: 4,16 €).

Das sieht jetzt überschaubar aus, doch denke mal nach, was der Zinseszins-Effekt bedeutet, wenn du nicht nur 100 € sondern vielleicht sogar 1.000 € oder 10.000 € anlegen, also investieren, kannst. Das ist der Grund, warum sich sparen lohnt - als Grundlage, um investieren zu können und dann das Geld für sich arbeiten zu lassen.

Puh - geschafft!

Jetzt kennst du erst mal die wichtigsten Grundbegriffe und kannst loslegen, dich in Sachen Geld auf die Pfade der Erwachsenen zu begeben. Deine Finanzen unter Kontrolle zu haben, wird dich quasi durch das Leben tanzen lassen. Viel zu viele Erwachsene haben keinen Überblick, was eigentlich genau mit ihrem sauer verdienten Geld passiert - sie lassen die Sache einfach mal laufen und übergeben das Thema an das Schicksal - oder wahlweise auch in die Hände vermeintlicher Experten von Banken und Versicherungen. Die verfolgen jedoch vor allem ihre eigenen Interessen, nämlich den Verkauf ihrer Finanzprodukte.

Aus lauter Angst Fehler zu machen, lassen auch Erwachsene das Thema dann lieber ganz und verharren in ihrer Starre. Sie schieben das Thema immer wieder vor sich her und erfinden Ausreden. „Wenn ich mal Zeit habe…" wird zum hauptsächlichen Gedanken, bevor man sich wieder dem Smartphone widmet. Sie entwickeln keine finanziellen Ziele und lassen vor allem auch die Zeit - und damit den Zinseszins-Effekt - nicht für sich arbeiten.

Hör dich einfach mal bei Erwachsenen-Gesprächen um, wenn sie sich verzockt haben oder sich nicht kümmern. Sie fühlen sich am Ende komplett unwohl mit dem Thema und lassen Sprüche wie „Am Ende des Geldes ist noch so viel Monat übrig. Haha!“ fallen. Das klingt im ersten Moment vielleicht lustig, kann aber ganz schön schwer auf einem lasten.

Du kannst das besser machen! Vom Kind zum Jugendlichen zum Finanz-checker trennen dich nur ein paar Schritte.

SCHRITT 1 - CHECK DEINE LAGE

Verschaffe dir einen Überblick über deine finanzielle Situation, das ist das Wichtigste zu wissen von wo du startest. Frag deine Eltern und notiere es dir hier! Lege dir am besten auch einen Ordner an, in den du die jeweiligen Unterlagen (Vertragsabschluss, Stände, Auszüge, Geschäftsbriefe) ablegst. Vielleicht haben deine Eltern das auch schon für dich gemacht. Dieser Ordner kommt am besten an einen sicheren Ort, denn du darfst ihn nicht verlieren und keiner darf drin rumblättern. Der Inhalt geht nur dich und deine Eltern was an. Dein erster Schritt als Erwachsener: Du bist ab sofort für die „Ablage“ das Abheften der Geschäftsbriefe zuständig. Natürlich nachdem du sie vorher mit deinen Eltern gelesen und vor allem verstanden hast. Wenn du etwas nicht verstehst, google es oder ruf direkt bei der Bank an, um es dir erklären zu lassen.

Notiere hier die folgenden Punkte:

Bargeld

Wieviel Bargeld hast du? Z.B. in der Geldbörse, dem Sparschwein, sonstigen Verstecken daheim? Liste alles auf.

Sparbuch, Giro-Konto, Tagesgeldkonto

Welche dieser Konten hast du? Gibt es Sparpläne für dich? Notiere Nummern sowie den aktuellen Stand. Lege die Unterlagen sortiert mit einem Register oder Trennblättern in deinem Ordner ab.

Depot

Hast du ein Depot für Aktien oder Fonds? Gibt es Sparpläne für dich? Notiere Nummern sowie den aktuellen Stand sowie welche Wertpapiere darin liegen. Lege die Unterlagen sortiert mit einem Register oder Trennblättern in deinem Ordner ab.

Versicherungen & Bausparverträge

Welche Versicherungen haben deine Eltern oder andere für dich abgeschlossen? Es gibt zum Beispiel Kapitallebensversicherungen, Ausbildungsversicherungen oder Bausparverträge, die funktionieren ähnlich wie ein Sparplan. Hier solltest du wissen, wer was für dich einzahlt und was du eines Tages bekommst. Es gibt aber auch Versicherungen, die nur bei einem Schadensfall zahlen, wie die Unfall- bzw. Invaliditätsversicherung oder eine Berufsunfähigkeitsversicherung. Auch hierüber solltest du Bescheid wissen, denn du kannst diese Verträge eines Tages übernehmen. Notiere die Versicherung sowie Nummer, Kosten und ggf. aktuelle Sparsumme. Lege die Unterlagen gut sortiert in deinem Ordner ab.

Sonstige Vermögenswerte

Hast du noch sonstige Vermögenswerte bzw. verwahren deine Eltern diese für dich? Das können zum Beispiel Goldmünzen, Uhren, Schmuck, aber auch Unternehmensbeteiligungen oder Rechte (Patente, Marken) sein. Wie hoch ist deren geschätzter Wert?

Schulden

Hast du vielleicht auch Schulden? Bei wem hast du dir Geld geliehen (z.B. für was zu Essen in der Pause)? Wie hoch sind diese Schulden?

Mein Finanz-Check Übertrage nun deine Ergebnisse in die Übersicht und du hast einen kompletten Überblick gewonnen - gut gemacht!
Vermögen in € Bargeld: Sparbuch: Giro-Konto: Tagesgeld-Konto: Depot: Sonstige Vermögenswerte: Summe:
Schulden in €   Summe:
Meine Versicherungen

SCHRITT 2 - BAU DIR DEINEN MASTERPLAN

Überlege dir, wie du deine Finanzen gestalten willst. Hier kommen wir vor allem zu dem Thema Ziele - und deren Warum. Du findest am Ende dieses Kapitels noch zwei Beispiele, wie Lukas und Lea ihren Masterplan gebaut haben.

Start

Bevor du anfängst mit deinem Masterplan, musst du dir erst einmal über deine finanziellen Ziele klarwerden. Wofür brauchst du Geld? Was willst du dir leisten? In den nächsten Wochen und Monaten? Aber auch in den nächsten Jahren und vielleicht sogar Jahrzehnten? Warum möchtest du das erreichen? Das ist die wohl wichtigste Frage - dein Warum wird dir helfen, deinen Plan umzusetzen und durchzuhalten. Wie hoch ist der Betrag, den du schätzungsweise brauchst?

Nach Beantwortung dieser Fragen, kannst du beginnen deine Geldtöpfe aufzubauen.

Tipp: Wenn du noch keine Konten usw. hast, empfehle ich dir, dich in deiner örtlichen Stadtbibliothek anzumelden und dort in der Finanztest Anbietervergleiche zur jeweiligen Konto-Art anzuschauen und zu entscheiden. Alternativ können deine Eltern die einzelnen Berichte auch online kaufen oder in Vergleichsportalen nachlesen und so zu einer Auswahl kommen. Mach es auf jeden Fall zusammen mit deinen Eltern!

Und nein, das muss nicht alles über Nacht und sofort geschehen. Nimm dir Zeit und arbeite dich vom Anfänger zum Meister - Stufe für Stufe - voran.

Anfänger-Stufe: Geldtopf Nr. 1 - Für dein Leben in den nächsten Wochen und Monaten

Der Geldtopf Nr. 1 besteht aus verschiedenen kleinen Töpfen, die hier aufgelistet werden.

1. Dein Sparschwein

Gib deinem Sparschwein jede Woche mit allen Münzen aus deiner Geldbörse, die kleiner als 1 Euro sind. Tipp: Dieses Kleingeld nervt vielleicht die Menschen um dich herum, es bläht ja meistens das Portemonnaie auf und beschwert es. Sag deinen Eltern oder Großeltern, dass du es gerne nimmst, um damit dein Sparschwein zu füttern. Ist es schön schwer und voll, bringst du es zur Bank, um es dort einzuzahlen.

2. Deine Ziele-Spardosen

Ziele-Spardosen sind quasi nochmal zusätzliche Sparschweine für dich. Wähle deine zwei bis drei wichtigsten Ziele für die nächsten Wochen und Monate aus und finde Spardosen dafür. Beginne in diesen Dosen dafür zu sparen. Sollten es sich um große Summen handeln, z. B. weil du für einen Computer oder Reise sparst, ist es vielleicht aber auch klüger das Geld zur

Bank zu bringen. Damit es nicht einfach daheim ungesichert herumliegt. Notiere dir dann noch auf deiner Ziele-Spardose den aktuellen Sparstand und rühre dieses Geld erst wieder an, wenn du es nutzen willst, um dein Ziel zu erfüllen.

3. Sparbuch

Wenn du eines haben solltest, schau dir den Zinssatz deines Sparbuchs genau an. Wenn du alleine nicht weiterkommst, frag deine Eltern danach. Du kannst auch mit dem Sparbuch zur Bank gehen, um den Zinssatz in Erfahrung zu bringen. Wenn du keine Zinsen auf dein Gespartes bekommst, dann bitte deine Eltern mit dir dein Geld vom Sparbuch zu nehmen und es in verzinste Formen des Sparens, wie zum Beispiel Tagesgeld, umzuschichten. Umschichten bedeutet, dass du dein Geld von einer Anlageform in eine andere verschiebst. Du hast ja bei den Money Basics von der Inflation gehört, die kostet dich Geld.

4. Giro-Konto

Wenn du noch kein Giro-Konto hast, dann eröffne dir eines. Wähle gemeinsam mit deinen Eltern eine für dich passende Bank aus. Zum Beispiel bei der Bank in deinem Ort. Das hat den Vorteil, dass du so dein Kleingeld vor Ort einzahlen kannst. Du kannst aber natürlich auch online ein Giro-Konto eröffnen. Achte darauf, dass es für dich kostenlos ist - die meisten Banken bieten das im Jugendtarif sowieso an.

Wahrscheinlich wirst du auch auf dem Giro-Konto keine oder nur eine sehr kleine Verzinsung erhalten, also setze dir eine Grenze wieviel Geld hier liegen soll. Stell dir dafür folgende Frage: Wieviel Geld brauchst du in der nächsten Zeit oder regelmäßig? Du kannst dir aber auch von deinen Eltern einen Teil deines Taschengeldes hierher überweisen lassen. Dann gibst du es vielleicht nicht so schnell aus - je nachdem wie nah du am Bankautomat wohnst.

Fortgeschrittenen-Stufe: Geldtopf Nr. 2 - Rücklagen & Absicherung - Für Dein Leben in den nächsten Jahren

Der Geldtopf Nr. 2 besteht eigentlich aus nur einem Topf - dem Tagesgeldkonto. Hier kannst du zum Beispiel das Geld von deiner Konfirmation einzahlen.

5. Tagesgeldkonto
Auf das Tagesgeldkonto kannst du von deinem Giro-Konto aus deine großen und kleinen Sparbeträge überweisen. Wähle gemeinsam mit deinen Eltern ein passendes Konto für dich aus, falls du noch keines hast. Dieses Konto eignet sich hervorragend als Parkplatz für deinen Notgroschen. Ein Notgroschen ist die finanzielle Rücklage für schlechte Zeiten. Tagesgeldkonten haben meist eine Verzinsung. Wenn auch aktuell nicht besonders hoch. Hier könnte dein Geld das erste Mal in den Genuss des Zinseszins-Effekts bekommen.

Meister-Stufe - Geldtopf Nr. 3 - Vermögensaufbau - Für Dein Leben in den nächsten Jahrzehnten

Wenn du langfristig Vermögen aufbauen möchtest, führt kein Weg an Vermögenswerten vorbei. Das können Immobilien, Wertgegenstände aber auch Wertpapieren wie Aktien und Fonds sein. Für die Wertpapiere brauchst du ein Depot.

6. Depot
Mit Hilfe deiner Eltern kannst du ein Depot eröffnen, um dort dein Geld auch am Aktienmarkt zu investieren. Sammle jedoch zuerst genügend Geld auf dem Tagesgeldkonto an. Arbeite dich gemeinsam mit deinen Eltern in das Thema Aktien und ETFs ein und entwickelt deinen Masterplan. Wähle dann gemeinsam mit deinen Eltern zu deiner Risikoklasse passende Aktien, Fonds, Anleihen oder ETFs aus. Wichtig dabei ist, dass du hierbei nicht wie ein Aktienhändler denken solltest. Der schichtet seine Aktien ständig hin und her, um Gewinne zu erwirtschaften. Du bist ein lang vorausdenkender Anleger, der von der langfristigen Entwicklung am Aktienmarkt profitieren möchte. Eine langfristige Anlage von Geld in Wertpapieren senkt das Risiko von Verlusten: Wenn es zu Börsencrashs kommt, kannst du das ganz entspannt aussitzen. Dein Geld brauchst du nicht sofort sondern erst in 10 bis 20 Jahren oder noch später. Bis dahin kann sich die Wirtschaft wieder erholen. Du kannst außerdem wählen, ob du einmalig bestimmte Aktien, Fonds oder ETFs kaufst oder ob du auch Sparpläne anlegst und monatlich einen festen Betrag. Bei ETFs ist das bereits ab 25 Euro pro Monat möglich.

Vergiss dabei aber NIE:
- Informiere dich und entwickle deine eigene Investitionsstrategie passend zu deinen Bedürfnissen und deiner Risikobereitschaft

- Kaufe nur Finanzprodukte, die du verstehst - nicht, was dir jemand empfiehlt (auch die Beispiele hier im Buch müssen nicht zwingend zu dir und deinen Bedürfnissen passen)
- Achte auf die Kosten des Produkts (laufende und Abschlusskosten), denn die Kosten fressen Teile deines Gewinns wieder auf
- Investiere langfristig mit einem Zeithorizont von mehreren Jahrzehnten, so kannst du entspannt Börsencrashs aussitzen oder sogar Wertpapiere günstig nachkaufen statt aus lauter Angst vor weiteren Kursverlusten durch Panikverkäufe mit Verlust zu verkaufen
- Lege nie alle Eier in einen Korb! Das bedeutet: Setze nicht dein ganzes Geld in eine Anlage

Eventuell klang das alles furchtbar öde für dich, aber lass dir gesagt sein: Millionäre sind Menschen, die sich früh dazu entschieden haben dieses Thema in ihrem Leben anzupacken und dafür zu arbeiten.

Beispiel Lukas

Lukas lebt mit seinen Eltern und seiner kleinen Schwester in einer Großstadt. Lukas ist ein kreativer Kopf und am liebsten auf Instagram unterwegs, um dort immer wieder neue Fotomontage-Ideen und Fotomotive zu finden. Derzeit will er unbedingt einen eigenen Instagram-Account aufbauen, mit dem er zum Influencer werden kann. Vielleicht will er das ja mal beruflich machen? Auf jeden Fall will er das jetzt mal ausprobieren.

Lukas' Finanz Check sieht folgendermaßen aus:

Vermögen in €
Sparschwein: 43,89 €
Bargeld: 10,00 €
Sparbuch: keins
Giro-Konto: 1.825,76 € (0,1 % Zinsen)
Tagesgeld-Konto: keins
Depot: keins
Sonstige Vermögenswerte: Münzsammlung von Ur-Opa (ca. 400 € wert)
Summe: 1.879,65 € (verfügbares Geld) + ca. 400 € (Münzsammlung)

Schulden in €
20 € bei Tim
25 € bei Leon
Summe: 45 €

Lukas' Ziele

Lukas will später mal irgendwas mit Fotografie und Webdesign machen. Jetzt will er sich einen eigenen Instagram-Account aufbauen, um Influencer zu werden. Dafür möchte er demnächst einen speziell auf Instagram zugeschnittenen Kurs bei einem Fotografen machen (1. Ziel), Kostenpunkt: 250 €. Außerdem will er auf eine eigene Kamera sparen, um bessere Fotos zu machen (2. Ziel), Kostenpunkt: 1.000 €. Und um bessere Bilder auf Instagram zu posten, will er sich noch eine Bildbearbeitungssoftware kaufen (3. Ziel), Kostenpunkt: 150 €. Später braucht er wahrscheinlich einen anderen, leistungsfähigeren Computer (Fernziel), derzeit darf er noch den Computer seiner Eltern mitbenutzen.

Lukas' Masterplan
Ziele
Fotokurs: 250 €
Kamera: 1.000 €
Software: 150 €

In Zukunft leistungsfähiger Grafikcomputer ca. 2.000 €

Sparschwein & Bargeld

Lukas schlachtet sein Sparschwein und nimmt noch etwas Bargeld aus seiner Geldbörse, um seine Schulden bei Leon und Tim zu begleichen.

Lukas hat festgestellt, dass sein Giro-Konto zwar kostenlos, aber kaum verzinst ist. Deshalb hat er zusammen mit seinen Eltern beschlossen, ein Tagesgeldkonto und ein Depot für Wertpapiere zu eröffnen. Gemeinsam haben sie die Bank herausgesucht, die beides anbietet und sogar noch bei Depot-Eröffnung 100 € Prämie zahlt.

Sein Geld hat Lukas nun so aufgeteilt:

Giro-Konto: 300 €, denn er will bald den Fotokurs besuchen und möchte daher die 250 € vorhalten.

Tagesgeld-Konto: Er hat noch 1.634,65 €. (1.879,65 € - 45 € Schulden - 300 € Bargeld + 100 € Prämie) Davon möchte er 1.000 € hier vorhalten, denn er will bald nach dem Fotokurs eine eigene Kamera kaufen. Aber das hat noch etwas Zeit, denn er will erst noch das richtige Modell für sich heraussuchen. Auch die Software steht noch hinten an, denn erst muss er mehr beim Kurs gelernt haben und die Kamera bedienen können.

Depot: Von den restlichen 634,65 € auf dem Tagesgeldkonto wird Lukas mit seinen Eltern einen breitgestreuten ETF (z. B. MSCI World) kaufen. Sie erarbeiten sich aber erst noch, welche Punkte dabei beachtet werden müssen (Kosten, usw.).

Lukas hat 500 € zur Konfirmation geschenkt bekommen hat. Nur 20 € behält er in bar daheim. Den Rest (480 €) bringt er zur Bank und zahlt es auf sein Girokonto ein. Von dort aus überweist er mit seinen Eltern 450 € auf das Tagesgeldkonto. Gemeinsam mit seinen Eltern will er bald entscheiden, in welche Wertpapiere er sein Geld dann anlegen will.

Beispiel Lea

Lea lebt mit ihrer Mutter und ihrem großen Bruder in einem Dorf. Sie fährt jeden Tag eine Stunde mit Bus und Bahn in die Stadt, um dort zur Schule zu gehen oder ihre Freundinnen zu besuchen. Manchmal gibt es Streit daheim, weil Lea mal wieder den Bus verpasst hat oder ihr Bruder genervt ist, dass er Lea immer fahren muss.

Leas Finanz Check sieht folgendermaßen aus:

Vermögen in €

Sparschwein: 176,24 €
Bargeld: 69,21 €
Sparbuch: 831,65 €
Giro-Konto: keins
Tagesgeld-Konto: keins
Depot: keins
Sonstige Vermögenswerte: Goldschmuck von Oma (ca. 350 €)
Summe: 1.077,10 € (verfügbares Geld) + ca. 350 € (Goldschmuck)

Schulden in €

Summe: 0 €

Leas Ziele

Lea will unbedingt so schnell wie möglich den Führerschein machen (1. Ziel), Kostenpunkt: ca. 1.500 €, und sich einen Roller kaufen (2. Ziel), Kostenpunkt: ca. 500 €. Denn dann ist sie ab ihrem 16. Geburtstag endlich unabhängig vom Busfahrplan und der Laune ihres Bruders. Außerdem hat sie bei der Trennung ihrer Eltern gesehen, wie schnell eine ungeplante Situation im Leben eintreten kann und ihre Mutter oft sehr verzweifelt war. Lea möchte deshalb einen Notgroschen für schwierige Zeiten aufbauen.

Leas Masterplan

Ziele

Führerschein: 1.500 €

Roller: 500 €
Außerdem einen Notgroschen von 5.000 € für Sorgenfreiheit im Leben.

Sparschwein & Bargeld

Lea schlachtet ihr Sparschwein und senkt ihr Bargeld auf 50 €.
Lea hat festgestellt, dass ihr Sparbuch nicht verzinst ist, es dort also keine Zinsen mehr gibt. Deshalb hat sie zusammen mit ihren Eltern (ja, bei Konten müssen beide Eltern zustimmen, wenn sie sich das Sorgerecht teilen) beschlossen, ein Giro-Konto und ein Tagesgeldkonto zu eröffnen. Gemeinsam haben sie eine Bank in der nächsten Stadt herausgesucht, die ein Jugend-Giro-Konto anbietet. Außerdem haben sie online ein Tagesgeldkonto eröffnet und dort die 55 € Willkommens-Prämie mitgenommen. Ein Depot hat Lea noch nicht eröffnet. Dazu muss sie erst noch mehr ansparen.

Ihr Geld hat Lea nun so aufgeteilt:

Giro-Konto: 50 €, denn Lea hat keinen Wunsch, für den sie in nächster Zeit Geld ausgeben will.

Tagesgeld-Konto: 1.082,10 € (1.027,10 € + 55 € Prämie). Bis die Kosten für Theoriekurs und Fahrstunden anfallen dauert es noch über ein Jahr. Das Geld kann also hier geparkt werden, damit es durch die Zinsen wächst.

Lea hat 350 € zur Konfirmation geschenkt bekommen. Sie zahlt es fast komplett (320 €) auf das Giro-Konto ein und überweist es dann mit ihren Eltern an das Tagesgeldkonto. Nur 30 € behält sie in bar daheim, um mit ihren Freundinnen auch einmal wieder shoppen zu können.

Fehlt jedoch noch Geld für den Roller und Leas langfristiges Ziel - Sorgenfreiheit durch den Notfallgroschen! Dafür muss Lea stärker an ihren Einnahmen und Ausgaben arbeiten. Wie sie das machen kann, lernst du bei Schritt 3.

Doch zuerst bist du noch dran – notiere deinen Finanz-Masterplan!
Deine finanziellen Ziele in nächster Zeit

Welche langfristigen Ziele hast du?

Lege nun die Verteilung deines Geldes fest (wie viel Geld „parkst" du wo? Also in der Geldbörse, im Sparschwein, auf dem Giro- oder Tagesgeldkonto und auf dem Depot. Denke auch an deine Schulden!). Notiere dir auch, ob du noch ein Konto eröffnen bzw. noch weitere Informationen herausfinden musst.

SCHRITT 3 - EINNAHMEN UND AUSGABEN

Nachdem du in Schritt 2 deinen Masterplan entwickelt hast, kannst du dich nun um den Cashflow (Cash = Geld und flow = Fluss) also das Fließen des Geldstroms zu dir kümmern. Auch hierbei gilt, dass das nicht alles über Nacht und sofort geschehen muss. Nimm dir Zeit und arbeite dich wieder vom Anfänger zum Meister - Stufe für Stufe - voran.

Anfänger-Stufe: Überblick gewinnen

Es kann durchaus ein paar Monate dauern, um dein Geld-Verhalten zu verstehen. Im Kern geht es darum, zu lernen wieviel Geld du einnimmst und wieviel du ausgibst. Schau auf google nach dem Wort Haushaltsbuch und lade dir eine freie Vorlage herunter. Trage darin alles ein, was du in den nächsten Wochen finanziell an Ausgaben und Einnahmen hast.

Einnahmen
Wieviel Geld kassierst du regelmäßig jeden Monat? Von wem? Taschengeld   Wieviel Geld kriegst du zu bestimmten Anlässen? Geburtstag Ostern Weihnachten Zeugnisse Konfirmation   Hast du weitere Einnahmequellen wie Jobs? Welche? z.B. Babysitten, Zeitungen austragen, Rasen mähen

Ausgaben
Wieviel Geld gibst du jeden Monat aus? Wofür? Fang an es festzuhalten: Wofür gibst du wieviel aus? Dafür gibt es auch diverse Apps oder du schreibst es einfach in deine Notizen auf dem Smartphone. Hebe ab sofort alle Kassenbons auf, bis du es daheim notiert hast. Das ist wichtig, denn erst wenn du den Überblick hast, kannst du für dich bewerten, worauf du in Zukunft auch verzichten willst.

Mach nach jedem Monat einen Kassensturz und kontrolliere dein Geldverhalten. Wohlhabende geben ihr Geld deutlich weniger für irgendwelchen Schnickschnack aus. Das sind in deren Augen nur sinnlose Kosten, die sie am Erreichen ihrer Ziele hindern. Sie setzen vor allem auf Vermögenswerte. Stelle dir also immer wieder die Frage: Zieht mir diese Ausgabe nur Geld aus der Tasche oder füllt sie mir die Taschen mit Geld?

Ein Beispiel ist dein Smartphone - solange du es nur zum Zeit verdaddeln per Instagram, YouTube etc. nutzt, ist und bleibt es ein Kostenfaktor. Hier solltest du dich fragen, ob es ernsthaft ein teures Handy sein muss. Auf der anderen Seite gibt es ja durchaus schon Jugendliche wie Lukas, die mit dem Smartphone Videos und Fotos für eben solche Kanäle produzieren und damit auch Geld verdienen. Oder die Apps programmieren oder sich damit weiterbilden. Dann hilft dir das Smartphone wiederum als Vermögenswert, deine Ziel zu erreichen und finanziell sorgenfrei zu werden.

Letzten Endes geht es im ersten Schritt darum, wieviel Geld du einnimmst und wieviel Geld du davon behältst.

Fortgeschrittenen-Stufe: Mehr Cash

Du weißt jetzt, woher dein Geld kommt und wohin es fließt. Du hast deinen Cashflow verstanden und kannst dich nun daran machen, das Ganze für dich besser zu gestalten.

Aufgabe 1: Einnahmen dauerhaft erhöhen

Welche Wege kannst du finden, um deine Einnahmen zu erhöhen? Hast du besondere Fähigkeiten und Talente? Schau dir die Tagesabläufe, Stress-Level und Schwierigkeiten der Menschen um dich herum und deiner Gemeinde genau an. Welche Probleme haben die Menschen in deinem Umfeld und wie könntest du ihnen dabei helfen? Biete deine Hilfe im Alltag an und hilf deinen Mitmenschen!

Zum Beispiel:
Haben deine Mitmenschen zu wenig Zeit, um Rasen zu mähen oder im Herbst Laub zu harken? Brauchen sie Hilfe bei der Kinderbetreuung, wenn sie länger arbeiten müssen oder ausgehen wollen? Was ist mit der Versorgung von Haustieren? Kannst du mit dem Hund spazieren gehen? Oder Schnee schieben? Oder kleine Einkäufe erledigen? Oder Pakete von der Post abholen / hinbringen (Onlineshopping kann auch beschwerlich sein, wenn die Öffnungszeiten des Postamts mit den Arbeitszeiten kollidieren)? Es geht eigentlich immer darum, dass deine Mitmenschen zu wenig Zeit oder zu wenig Lust bzw. Energie für eine Aufgabe haben und diese gerne jemand anderes überlassen wollen. Biete deine Unterstützung an!

Wenn du dein Gegenüber schneller für dich gewinnen willst, kombinierst du es noch mit einem deiner Ziele. Die meisten Menschen sind von Grund auf darauf eingestellt, dass sie dir auch helfen wollen. Sie wollen dir gerne bei der Erfüllung deiner Ziele behilflich sein, denn das fühlt sich gut an. Nimm also deinen Mut zusammen und klingel bei deinen Nachbarn oder sprich sie auf der Straße an. Lerne am besten vorher einen Satz mit deinem Angebot und deiner Begründung auswendig. Das hilft dir weiter, falls du sehr schüchtern oder aufgeregt bist.

Beispiele für Lukas:
Sein Nachbar Herr Meier ist die letzten Monate viel unterwegs. Er scheint eine neue Stelle angenommen zu haben. Sein Garten verwildert zusehends. Lukas klingelt bei ihm und sagt seinen Text auf.

„Guten Tag Herr Meier, mein Name ist Lukas und ich wohne mit meiner Familie im Haus 22. In letzter Zeit ist mir aufgefallen, dass Sie viel unterwegs sind und der Rasen nicht mehr so oft wie früher gemäht wird. Ich spare gerade auf eine Kamera, weil ich mehr Fähigkeiten im Bereich Fotografie erlernen möchte. Deshalb suche ich nach Möglichkeiten mein Taschengeld aufzubessern. Hier ist meine Handynummer, wenn Sie mal

Unterstützung im Garten benötigen.“

Seine Nachbarin Frau Müller hat sich das Bein gebrochen und kann die nächsten Wochen nur schlecht laufen. Lukas trifft sie mit Krücken auf der Straße und nutzt die Gelegenheit.

„Guten Tag Frau Müller, mein Name ist Lukas und ich wohne mit meiner Familie im Haus 22. Das mit Ihrem Bein tut mir sehr leid. Wissen Sie, zur Zeit spare ich gerade auf eine Kamera, weil ich mehr Fähigkeiten im Bereich Fotografie erlernen möchte. Deshalb suche ich nach Möglichkeiten mein Taschengeld aufzubessern. Hier ist meine Handynummer, wenn Sie mal Unterstützung mit Ihrem Hund in nächster Zeit benötigen. Ich gehe gerne mit ihm Gassi.“

Seine Nachbarn Familie Schmidt sind junge Eltern. Lukas weiß, dass Frau Schmidt demnächst auch wieder arbeiten geht. Er wirft Ihnen einen Zettel mit dem folgenden Text in den Briefkasten.

„Liebe Familie Schmidt, ich habe von meiner Mama gehört, dass Sie demnächst wieder beide arbeiten gehen werden und der kleine Louis in den Kindergarten kommt. Ich spare gerade auf eine Kamera, weil ich mehr Fähigkeiten im Bereich Fotografie erlernen möchte. Deshalb suche ich nach Möglichkeiten mein Taschengeld aufzubessern. Hier ist meine Handynummer, wenn Sie mal einen Babysitter suchen. Ich zeige Ihnen gerne das Zertifikat von meinem Babysitterkurs beim DRK - dort habe ich nochmal mehr über Babypflege und erste Hilfe bei Babys und Kindern gelernt. Auf meine kleine Schwester passe ich auf, seit ich 10 Jahre alt bin. Viele Grüße, Lukas (012345678910)“

Trau dich - und dann wartest du einfach ab, was passiert. Selbst wenn ein „Nein, danke“ kommt, kannst du sehr stolz auf dich sein! Du hast dich nämlich überwunden, deine Geldsachen selbst in den Griff zu kriegen und hast einen Versuch unternommen, deinem Ziel ein Stück näher zu kommen. Auch wenn ein „Nein“ sich im ersten Moment schlecht anfühlt - schließlich will keiner von uns gerne zurückgewiesen werden - du hast nichts dabei verloren und stehst immer noch am selben Platz. Halte dir vor Augen, dass es eine Situation ist, in der du nur gewinnen kannst!

Aufgabe 2: Einnahmen einmalig erhöhen

Als Jugendlicher bist du für so manchen Kinderkram langsam zu alt oder einfach rausgewachsen.

Beispiel für Lea:
Sie hat sich ein Wochenende Zeit genommen und mal so richtig ausgemistet. Schrank für Schrank, Fach für Fach. Was braucht sie noch? Was hebt sie für sich oder vielleicht auch für kleinere (Halb)Geschwister auf? Was ist Müll oder Kleiderspende? Und vor allem: Was kann sie noch verkaufen?

Mit diesen Sachen geht sie anschließend auf den Flohmarkt in ihrer Nähe oder verkauft es im Internet auf Kleinanzeigenportalen. Wann der nächste Flohmarkt ist, hat sie schon über eine Anzeige im Ortsanzeiger herausgefunden. Schöner Nebeneffekt: Lea hat endlich wieder mehr „Raum zum Atmen" in ihrem Zimmer und kann nun die Möbel endlich so umstellen, wie sie es will.

Ausgaben senken
Du hast deine Hausaufgaben erledigt und dir ist nun klar, wohin dein sauer verdientes oder erspartes Geld fließt. Schau jetzt deine Ausgabenposten noch einmal genauer durch!

Aufgabe 3: Wiederkehrende Ausgaben senken oder eliminieren

Zahlst du deine Smartphone-Kosten selbst? Wenn ja, wieviel Geld gibst du monatlich für deinen Handyvertrag aus? Einen guten Handyvertrag kannst du auch schon für weniger als 10 € bekommen. Und wenn das eventuell geringere Datenvolumen unterwegs weg ist: Deine Welt geht nicht gleich unter, sondern du kannst dir Gedanken um deine Träume, Ziele und deinen Weg dahin machen.

Hast du vielleicht schon bestimmte Abos?
Zum Beispiel für einen Film Streaming Dienst, Pay TV oder einen Musik Streaming Anbieter? Die Kosten klingen im ersten Moment nicht viel.

Rechne aber mal 9,99 € für deine Musik-App und 10,99 € Film Streaming pro Monat auf das Jahr hoch: (9,99 € + 10,99 €) x 12= 251,76 € pro Jahr. Überlege mal, was du besser mit deiner Zeit im Thema Finanzen, Schule oder Berufswahl anfangen kannst, anstatt die nächste Serie zu suchten.

Bist du Mitglied in einem Verein oder im Fitnessstudio, zu dem du eigentlich gar nicht (mehr) gehst? Wenn du das Angebot nicht mehr regelmäßig nutzt, beende die Verträge bzw. sorge dafür, dass deine Eltern es tun! Sport ist natürlich trotzdem wichtig. Es gibt jedoch viele Sportler, die ohne Geräte fit bleiben. Schau mal auf YouTube!

<u>Aufgabe 4: Einzelausgaben einschränken</u>

Essen & Trinken

Kaufst du dir Snacks und Getränke in der Schulpause oder unterwegs? Fang an, dir etwas von zu Hause mitzunehmen und nur noch in Ausnahmefällen Kohle dafür zu verpulvern. Belege dir deine Brote selbst, nimm noch einen Apfel und eine Trinkflasche zum Wiederauffüllen mit - fertig. Du schonst deinen Geldbeutel und die Umwelt, denk nur mal an die ganzen Plastikverpackungen.

Rauchen & Alkohol

Falls du (hoffentlich noch nicht) rauchst oder Alkohol bei deinen Party-Nights zu dir nimmst: Lass es einfach! Hier steckt gerade auch bei Erwachsenen enormes Einsparpotenzial! Es kostet einen Haufen Kohle - und den Vortrag über die schädigende Wirkung von Drogen & Alkohol kennst du bestimmt schon…

Klamotten

Wenn das ein Ausgabeposten bei dir ist, frage dich: Brauchst du wirklich ständig neue Klamotten? Noch vor 100 Jahren war es absolut üblich eine bestimmte Garnitur an Kleidung zu kaufen und diese über Jahre hinweg (ab)zutragen. War etwas kaputt, wurde es ausgebessert oder repariert. Kindersachen wurden eben weitergegeben. Zugegeben, das Material hatte auch eine bessere Qualität. Es wäre jedoch völlig undenkbar gewesen, sich monatlich neue Klamotten nachzukaufen. Überlege dir gut, ob du das weiterhin deinem Geldbeutel antun willst. Bestimmt hast du auch schon einmal davon gehört, unter welchen Bedingungen die Sachen produziert werden. Ständiger Nachkauf von günstigen Klamotten bedeutet für die Hersteller, dass es Käufer und somit ein Geschäft zu machen gibt. Also wird immer weiter so produziert werden. Google mal „Näherin Bangladesch" oder „Ökobilanz Jeans", um einen Eindruck davon zu kriegen, wo deine Klamotten herkommen.

Entertainment

Wieviel Kohle hast du hier ausgegeben? Hierunter fällt dein kompletter Freizeitspaß - Shoppen, Kino, Disco, Konzerte… Ja, du lebst nur einmal und du bist nur jetzt jung. Allerdings kannst du jeden deiner Euros ebenfalls nur einmal ausgeben. Und wenn er weg ist, ist er weg. Vielleicht kannst du anfangen mit deinen Freunden auch andere, kostenlose Aktivitäten zu organisieren? Spiele-Abend im Gemeindezentrum / (W)LAN Party daheim. DVD statt Kino. Gartenpartys im Schrebergarten eurer Eltern und jeder bringt was mit… Macht doch einfach eine Challenge draus, neue Ideen für Gratis-Spaß zu finden!

Übrigens: Auch deine Eltern haben vielleicht früher über die Stränge geschlagen. Dann gab es den Spruch: „Lehrjahre sind keine Herrenjahre!" zu hören. Will heißen, wer jung und in der Ausbildung ist, muss bescheidener leben. Das ist jedoch aus den Köpfen verschwunden, seit die Kaufkraft deiner Generation entdeckt und von der Wirtschaft gerne genutzt wird. Es gibt jedoch auch junge Menschen, die das frühzeitig durchschaut haben und sich dem bewusst widersetzen. Ein paar treiben es soweit auf die Spitze, dass sie als „Frugalisten" leben. Sie senken ihre Ausgaben soweit wie möglich und versuchen dafür ihre Einnahmen fortwährend zu steigern und das Gesparte zu investieren. Meist verfolgen sie damit das Ziel mit 30, spätestens mit 40 von den Einnahmen ihrer Investitionen zu leben und damit finanziell frei zu sein. Sie wollen nicht mehr arbeiten müssen bzw. nur so arbeiten, wie sie es wollen. Ob dieses Ziel diesen Verzicht wert ist, muss natürlich jeder selbst entscheiden.

Schulden

Ein Wort noch zu Schulden: Es gibt, wie bei den Zinsen auch, gute und schlechte Schulden.

Gute Schulden sind Investitionsschulden, denn sie helfen, eine Geldlücke beim Kauf eines Vermögenswertes zu schließen, also beim Investieren. Zum Beispiel kann ein Erwachsener eine Wohnung in der Stadt kaufen und vermieten. Die Miete muss so hoch sein, dass sie den Kredit abträgt und Rücklagen für z. B. Reparaturen bildet. Das ist in deinem Alter aber eher noch nicht relevant - außer du brauchst noch mehr Aufgaben neben Geld, Schule und Berufswahl.

ABER - und das ist sehr wichtig: Definitiv schlechte Schulden sind Konsumschulden, also geliehenes Geld für Geldfresser. Geldfresser sind alle Waren, die nach dem Kauf ihren Wert verlieren und wofür du beim Weiterverkauf nicht mehr das gleiche oder mehr Geld bekommen wirst. Das sind z. B. Smartphones, Laptops oder Fernseher. Es gibt auch Menschen, die einen Kredit für eine Reise aufnehmen. Mach das nicht nach! Im schlechtesten Fall zahlst du eines Tages noch einen Kredit für etwas ab, das du schon nicht mehr besitzt. Das Smartphone ist zum Beispiel schon lange wieder kaputt, aber die Restsumme muss noch abgestottert werden.

Das A und O im Umgang mit deinem Geld ist also: Kauf dir nur etwas, das du dir definitiv auch leisten kannst! Mache dafür niemals Schulden!

Meister-Stufe: Rücklagen und Vermögen aufbauen

Die Meisterdisziplin ist, dass du dir ein Geldpolster und abschließend nachhaltig dein Vermögen aufbaust.

Notgroschen - Rücklagen aufbauen

Wenn du genügend Einnahmen hast, kannst du beginnen dein Geldpolster, einen sogenannten Notgroschen, aufzubauen.

Als Groschen wurde zu Deutsche Mark Zeiten (die deutsche Währung vor dem Euro) früher das 10 Pfennig Stück (ähnlich 10 Cent Stück heute) bezeichnet. Wie hoch dein Notgroschen sein muss, hängt davon ab wie hoch deine Rücklage für Notfälle sein soll. Erwachsene planen die Summe von 3 - 12 Monatsgehältern als Notgroschen ein. Dadurch haben sie Geld kurzfristig verfügbar. Falls die Waschmaschine den Geist aufgibt, das Auto kaputt gegangen ist oder sie überraschend ihren Job verlieren und ein paar Monate nur mit Arbeitslosengeld (was niedriger als das ehemalige Gehalt ist) zurechtkommen müssen, haben sie ein Geldpolster, auf das sie zurückgreifen können. Der Notgroschen lässt die Erwachsenen also deutlich ruhiger schlafen, denn sie wissen, sie können auch finanzielle Durststrecken überbrücken. Die laufenden Kosten und Unvorhergesehenes können trotzdem bezahlt werden. Eine neue Waschmaschine muss eben nicht über Ratenzahlung gekauft werden.

Wichtig dabei ist: Dieses Geld wird ausschließlich in den beschriebenen Notsituationen angefasst. Sonst behandelst du den Notgroschen eher so, als wäre er nicht da. Deshalb ist es sinnvoll, den Notgroschen auf einem eigenen Tagesgeldkonto zu parken. Es gilt also für deinen Alltag: Aus den Augen, aus dem Sinn mit dem Notgroschen!

Später, wenn deine Kosten steigen und du unabhängiger von deinen Eltern wirst, solltest du auf jeden Fall daran denken den Notgroschen weiter aufzufüllen. Du kennst ja dank deiner Vorarbeit ab sofort deine Kosten und deine Ausgaben. Diese multiplizierst du dann mit der Anzahl der Monate, die du überbrücken können möchtest und hast dann den neuen Sockelbetrag für deinen Notgroschen, Minimum ist 3.

Aktuell hast du noch kein Gehalt und sicher auch noch nicht so hohe

Kosten (für Miete, Nebenkosten wie Strom und Heizung oder Lebensmittel und Versicherungen), also muss dein Notgroschen im Moment noch nicht so hoch sein.

Wie legst du ihn aber am Anfang am besten fest? Der bundesdeutsche Durchschnittsazubi verdiente 2017 rund 880 € im Monat. Runde den Betrag auf 1.000 € auf und multipliziere mit 3 Monaten. Schon hast du den Sockelbetrag für deinen Notgroschen: 3.000 €. Auch wenn dein Startbetrag für deinen Notgroschen noch deutlich kleiner ist, versuche in den nächsten Jahren auf diesen Betrag zu kommen und dieses Geld nur in absoluten Notfällen anzufassen. Es schenkt dir Ruhe und Kraft in Zeiten finanzieller Engpässe.

Wichtig: Solange dein Notgroschen nicht aufgefüllt ist, tätigst du noch keine anderen Geldanlagen wie Aktien oder Fonds! Arbeite dich vor - Schritt für Schritt.

Ein letzter Punkt: Viele Menschen beklagen sich, dass am Ende des Monats kein Geld mehr zum Sparen übrig ist. Deshalb musst du zwingend die Reihenfolge umdrehen: Du sparst nicht, was am Monatsende übrig bleibt - sondern zahlst am Monatsanfang deinen Sparbetrag auf deinen Notgroschen ein und gibst nur das aus, was vom Sparen übrig ist.

Vermögen aufbauen

Wenn du bis hierhin gekommen bist, dann bist du besser informiert, als die meisten in deinem Alter und ich fürchte auch weiter als viele Erwachsene. Finanzen werden lieber als langweilig oder mühsam ausgeblendet - und doch begleitet einen das Thema Geld jeden Tag.

Nicht zuletzt behaupten viele Erwachsene, dass Geld ihnen überhaupt nicht wichtig sei. Gleichzeitig sind sie dann doch in Lebensumständen mit blöden oder langweiligen Jobs gefangen - auch gerne als Hamsterrad bezeichnet - um ihren Lebensunterhalt, also Geld, zu verdienen.

Wenn du auf der Stufe des Vermögensaufbaus angekommen bist, gilt als erstes: LERNEN! Bevor du irgendwelche Schritte unternimmst, fang an, dich mit Finanzen und Investitionen zu beschäftigen. Um Vermögen aufzubauen, musst du dein Geld in Vermögenswerte investieren. Vermögenswerte sind Dinge, die nach dem Kauf wieder Geld in deine Taschen einbringen oder im Wert steigen. Am besten lernst du die nächsten

Jahren alles darüber und entwickelst dir auch wieder deinen Masterplan. Ich kann hier nur ein paar Möglichkeiten aufzählen, welches Vorgehen zu dir passt, hängt ganz von deinen Zielen und der Höhe deiner Einnahmen ab.

Wichtig:
Tätige **niemals** eine Investition, die du nicht verstehst - oder zu der jemand anders dir geraten hat, ohne dass du es überprüfst. Egal, ob du mit 14 oder mit 41 investierst.

Du kannst dein Geld zum Beispiel investieren in:
- Tagesgeld oder Festgeld (wenn es Zinsen gibt)
- Aktien
- Immobilien
- Fonds oder ETFs
- Anleihen

und so weiter. Bei manchen Anlagen kannst du auch schon mit kleinen Beträgen einsteigen und nach und nach in andere Klassen von Vermögenswerten umschichten. Je älter du wirst und je mehr du dich damit beschäftigst, umso besser wirst du in deinem Masterplan zum Vermögensaufbau!

Deine Vermögenswerte sind dein langfristiges Geldpolster. Das hier investierte Geld soll weiteres Geld für dich verdienen. Das ist quasi dein Dukatenesel, den du immer gut fütterst und der dir immer schöne Goldstücke speit . Du kannst später deine verschiedenen Vermögenswerte umschichten (zum Beispiel Aktien mit gutem Gewinn verkaufen, um eine Immobilie zum Vermieten zu kaufen) - aber du holst nie wieder dein Geld aus diesen Vermögenswerten heraus, um Geldfresser zu kaufen. Will heißen, du tötest deinen Goldesel nicht, sondern fütterst ihn einfach immer nur weiter. Als Gegenleistung speit er für dich weiter schöne Goldstücke vorne und hinten heraus.

Je mehr du im Thema Geldanlage lernst, umso besser wirst du die Spielregeln verstehen. Die wichtigsten Regeln für deinen ersten Schritte sind:
- Bleib mit deiner Geldanlage vorerst flexibel - binde nicht zu viel von deinem Geld in festen Verträgen, falls du es kurzfristig brauchen könntest.
- „Lege niemals alle Eier in einen Korb." Das heißt, setze nie nur auf eine große Geldanlage. Denn die Chance und das Risiko sind dabei sehr groß - du könntest bei einer guten Entwicklung der Geldanlage

sehr viel Gewinn machen. Bei einer schlechten aber vielleicht auch alles Geld verlieren.

- Behalte deine Kosten im Blick. Sowohl im Alltag bei deinen Ausgaben als auch bei den Kosten für deine Finanzprodukte. Zum Beispiel könnte es sein, dass gute Ergebnisse von bestimmten aktiv gemanagten Fonds durch das Entgelt für den Fondsmanager wieder aufgefressen werden. Lies immer das Kleingedruckte beim Abschluss eines Finanzprodukts.
- Lege deinen Zeithorizont für deine Geldanlagen fest. Auf die Jahrzehnte angesehen, hat sich zum Beispiel der Aktienmarkt auch nach den größten Crashs immer wieder erholt.
- Überprüfe deine Geldanlagen immer wieder. Behalte dabei auch dein eigenes Leben im Blick: veränderte sich deine Lebenssituation (Partnerschaft, Kinder, usw.) oder deine Wünsche? Dann passe deine Strategie an!

SCHRITT 4 - PACK DEIN GELD AN

Welche Bilder hast du als erstes im Kopf, wenn du an reiche Menschen denkst? Häufig hat man doch Bilder aus den Roomtouren von coolen Stars oder Sportlern im Kopf. Bilder von deren Lebensstil mit schicken Villen und Wohnungen an den schönsten Plätzen dieser Welt, die sie mit ihren Privatjets erreichen, um dort Champagner-Pool-Partys zu feiern. Soweit das Klischee.

Wirklich wohlhabende Menschen sind meist jedoch sehr viel leiser und dezenter im Umgang mit ihrem Geld. Es gibt keine öffentlichen Bilder aus dem Inneren ihrer Welt. Schließlich will keiner Zielscheibe für Entführungen oder Erpressungen werden. Das klingt erst einmal abwegig, aber recherchiere mal „Theo Albrecht", einem der Gründer der Aldi-Supermärkte, und seinem Schicksal. Dann wirst du es verstehen.

Was unterscheidet reiche von armen Menschen? Reiche suchen stetig nach Wegen ihre Einnahmen zu steigern und geben ganz einfach weniger Geld aus, als sie zur Verfügung haben, sie leben also „unter" ihren Verhältnissen. Dadurch wächst ihr Vermögen stetig an, so können sie dann wiederum Geld in Vermögenswerte investieren, die wieder neues Geld verdienen. Um Kostenposten oder sinnlose Ausgaben machen sie einen großen Bogen.

Wie packst du dein Geld jetzt am besten an? Du hast dich jetzt bis hierher durchgearbeitet und viel über das Thema Geld gelernt. Du weißt, wie du deinen finanziellen Ziele festlegst und verfolgst - hast du sie erreicht, setze dir neue Ziele! Du weißt, dass Schulden abbauen der erste Schritt ist, um finanziell erfolgreich zu werden. Du weißt, wie du deine Einnahmen steigern kannst. Entwickle auch eigene Ideen! Du weißt, wie du deinen Ausgaben senken kannst. Verzicht in Verbindung mit steigendem Kontostand kann sich sehr gut anfühlen. Du weißt, dass dich finanzielle Rücklagen sorgenfreier machen. Du weißt, dass du nur Geld ausgeben kannst, was vom Sparen übrig bleibt. Und nicht umgekehrt!

Den Grundstein kannst du zum Beispiel auch mit deinem Konfirmationsgeld legen. Teile es geschickt auf: 50 % für deinen Notgroschen, 40 % für deine Ziele & Träume und 10 % zum Verprassen. Ja, du sollst auch leben und Spaß haben!

Wenn du das alles geregelt hast, dann kannst du erstmal verdammt stolz auf dich sein! Du hast deine Finanzen im Griff hast, das macht dich sehr viel freier in deinen Entscheidungen im Leben. Du kannst Krisenzeiten unbeschwerter überstehen und Geldsorgen kennst du erst gar nicht. Der Blick auf dein(e) Konto(en) zaubert dir ein Lächeln ins Gesicht - und nicht Sorgenfalten. Mit Fleiß und Ausdauer wirst du es außerdem zu einem kleinen (mit Glück auch zu einem großen) Vermögen bringen. Dein Lebensgefühl wird positiv und optimistisch sein - und auch die Entscheidungen für Schule, Ausbildung/Studium und Beruf werden dir leichter fallen.

DEINE TO-DO-LISTE

Mache einen Haken an die erledigten Aufgaben und behalte die noch offenen Punkte im Blick. Was hast du schon geschafft, was ist noch zu tun?

Schritt 1 - Check deine Lage	
▢	Bargeld: zusammen suchen und zählen, Betrag in die Übersicht eintragen
▢	Sparbuch, Giro-Konto, Tagesgeldkonto, Depot: klären, was du hast und dann Kontonummern sowie Kontostände in die Übersicht eintragen
▢	Versicherungen und sonstige Verträge klären und in die Übersicht eintragen
▢	Sonstige Vermögenswerte klären und in die Übersicht eintragen
▢	Schulden klären und Betrag in die Übersicht eintragen
▢	Summen bei Vermögen und Schulden bilden
Schritt 2 - Bau dir deinen Masterplan	
▢	Denke nach und notiere deine Ziele. Lege dich auf maximal 3 Ziele für die nächste Zeit fest und recherchiere, wieviel deren Umsetzung kostet. Notiere es.
▢	Lege dann fest mit Blick auf deine verschiedenen Geldpositionen aus Sparschwein, Giro-Konto & Co. fest: Wie sieht dein Masterplan aus? Welche Konten hast du bereits? Welche musst du noch eröffnen? Musst du vielleicht auch welche schließen? Notiere es in deinem Masterplan und sprich mit deinen Eltern.
Schritt 3 - Einnahmen und Ausgaben	
▢	Verschaffe dir wieder zuerst einen Überblick! Wieviel Geld nimmst du ein? Wieviel Geld gibst du aus? Lege dir dafür ein Haushaltsbuch an. Du kannst dafür eine Vorlage aus dem Internet

	nutzen, eine App oder es auch einfach in einem Notizzettel auf deinen Smartphone festhalten. Unterteile es in Wochen oder Monate und schau an, wie dein Cashflow (Geldstrom) fließt.
▢	Wenn du deinen Cashflow kennst, geht es daran ihn zu verändern: Einnahmen steigern und Ausgaben senken. Es geht nicht nur darum, wieviel du einnimmst, sondern auch wieviel du davon behältst!
▢	Schulden: setze dich mit dem Thema Schulden auseinander. Merke dir: 1. Konsumschulden - also Schulden für Geldfresser - sind immer schlecht. 2. Lebe unter deinen Verhältnissen!
▢	Beginne, dir einen Notgroschen aufzubauen! Leg die Höhe deines Notgroschens fest und erstelle einen Plan, wie du ihn befüllst.
▢	Beginne zu lernen, um dir dein langfristiges Vermögen aufzubauen. Lege deinen Plan fest, wie du nach und nach Geld für deinen Goldesel beiseite legst.

TEIL 2: SCHULE - AUF ZU DEINEM TOP-ABSCHLUSS

BAD NEWS

Du steckst leider in einem veralteten Schulsystem fest, ob du willst oder nicht! Schau mal aus der Alien-Perspektive auf dieses System Schule, das du Tag für Tag besuchst. Stell dir vor, du kommst als Alien auf diesen Planeten, landest in Deutschland und siehst diese jungen Menschenwesen. Viele wirken irgendwie „grau", abgestumpft, lustlos, gestresst, genervt und ängstlich. Nur wenige strahlen, sind begeistert von ihrem Leben, dessen Chancen und strotzen vor Energie. Dabei hast du in deiner Datenbank gelesen, dass „diese Jugend" einer der besten Lebensabschnitte eines Erdlings sein soll. Bei deiner Studie der jungen Erdlinge stößt du auf verschiedene Blickwinkel, die Ursachen für diese Misere zeigen. Du hörst als Alien etwas über:

- Kritik an der Ausstattung von Schulen und Lehrinhalten: extrem veraltet und teilweise völlig unnützes Wissen

- Kritik an Lehrern: völlig überfordert und gestresst; ein Berufszweig mit sehr hohen Burnout-Raten

- Kritik an der Politik: gescheiterte Integration von Migranten, Quoten zu Abschlüssen, Föderalismus

- Kritik von Unternehmen: Entwertung von Abitur und Realschule, sinkende Studier- bzw. Ausbildungsfähigkeit der Schulabgänger, Lustlosigkeit und Unzuverlässigkeit der Jugend

- Kritik von Lehrern: zu große Klassen, zu schlechte Mitarbeit der Schüler, zu breites Leistungsspektrum - weder die guten noch die schlechten Schüler können gefordert bzw. gefördert werden, Unklarheit über ihre Rolle (sind sie Lehrer, Erzieher, Eltern, Coach, was denn nun?), Unklarheit über die Erwartungen, die sie erfüllen sollen, Umgang mit einem breiten Spektrum an Eltern (Helikopter-Eltern und Eltern, die so unter Druck stehen oder so kraftlos sind, dass ihnen alles egal ist – auch ihre Kinder)

- Kritik von Eltern: mit großem Druck, ihre Kinder für ein erfolgreiches Leben vorzubereiten, mit extremer Angst dabei zu scheitern und mit Ratlosigkeit, wie sie ihren Kindern am besten helfen können, gleichzeitig selbst beruflich massiv unter Druck, mit Geldsorgen, ohne Zeit für sich selbst, mit Unklarheit über ihre Rolle und Erwartungen an sie (noch nie wurden so viele Bücher zu Erziehungsmethoden veröffentlicht und verkauft wie heute)

- und nicht zuletzt sind auch die jungen Erwachsenen selbst sauer: über die extreme Beschleunigung ihrer Kindheit mit zu vielen Terminen pro Woche, ohne Freizeit und mit wenig Möglichkeit einfach nur zu spielen, von klein an mit Druck und Zeitplänen aufgezogen, ohne Raum für Langeweile, ohne Raum für Scheitern oder Erfahrungen, wenig Zeit mit Eltern, eine Gebäudekindheit mit wenig Spiel und Spaß draußen mit Freunden bis hin zu Burnout und Depression als Jugendlicher oder vielleicht sogar hin und wieder Suizidgedanken („Das macht doch alles keinen Sinn.") zwischen all der Wut, Angst und Frustration aus ihrem Alltag.

Das klingt auf den ersten Blick ziemlich ernüchternd. Die einzig gute Nachricht: Das geht den meisten Schülern so - du bist nicht allein. Die schlechte Nachricht: Diese Lage der massiven Verunsicherung und Unzufriedenheit miteinander, kommt daher, dass das heutige Schulsystem eigentlich noch für die Anforderungen von Unternehmen aus dem 19. Jahrhundert ausbildet. Die Schule produziert überwiegend brave Pflichterfüller und Auswendiglerner. Darauf kam es in der Lebens- und Berufswelt der beginnenden Industrialisierung an.

Doch Unternehmen brauchen nicht mehr ausschließlich solche Profile, sondern genauso Menschen mit Querdenkertum, Kreativität, Eigensinn, der Fähigkeit zum vernetzten Denken und hoher sozialer Kompetenz. ABER für diese Fähigkeiten gibt es keinen Frontalunterricht und erst recht keine strukturierten Leistungskontrollen.

Dieses ungute Gefühl, dass Lern- und Lebensinhalte nicht mehr übereinstimmen, führt vielleicht auch bei dir zu einer Haltung der Verneinung. Statt Bildung, Persönlichkeitsentwicklung und Wertevermittlung erfährst du täglich in der Schule einen Ansatz, dass die fehlerfreie Wiedergabe von einzelnen Wissensbausteinen im Vordergrund steht. Man erwartet von dir, dass du an deinen Schwächen arbeitest und deine schlechten Noten verbesserst, damit du einen besseren Notenschnitt bekommst, versetzt wirst oder einen guten Abschluss machst.

Später im Berufsleben wird dir übrigens genau das Gegenteil beigebracht: Schwächen „entschärfen", so dass du deine Arbeit fehlerfrei erledigen kannst, aber vor allem Stärken stärken. Denn sicher hast du selbst schon festgestellt, dass es ein enormer Kraftakt ist und viel Disziplin von dir verlangt, die schlechten Noten wieder auszubügeln. Außerdem sinkt natürlich mit jeder schlechten Note, jedem Scheitern deine Motivation. Dir wird vor Augen geführt, worin du überall schlecht bist. Du willst mal Abitur machen? Oder vielleicht sogar ein Fach mit Numerus Clausus studieren? Dann musst du aber in allen Fächer hervorragend sein!

Allerdings kommt ein gutes Lernumfeld von Ermutigung und Inspiration. Es befördert dein Interesse, weiter in den Stoff abzutauchen, mit Leidenschaft und Eigenverantwortung Themen zu entdecken und dir zu Erarbeiten und baut Lust auf, dein Leben selbst zu gestalten. Klingt nicht wirklich nach deiner Situation?

Macht nix: Die Aliens haben auch herausgefunden, dass heute JEDER ein Abitur so gut wie geschenkt bekommt… Die schlechten Schüler werden mitgezogen und die Anforderungen sind angeblich in den letzten 20 Jahren immer weiter nach unten korrigiert worden, damit die gewünschten Abitur-Quoten erfüllt werden können. Auch wenn sich das für dich anders anfühlt.

Was heißt das jetzt alles für dich?! Du kannst dich entweder weiter über diese Zustände beschweren und rumjammern oder vielleicht sogar versuchen, diese zu verändern.

ODER

Du triffst eine Entscheidung: nämlich diese Rahmenbedingungen zu akzeptieren und den Schalter umzulegen.

Solange das Schulsystem in Deutschland nicht massiv verändert wird oder du auf eine spezielle Privatschule mit bestimmten Lehrmethoden und

Profilen wechselst, kannst du lernen dieses System zu deinem Vorteil zu bespielen. Reiße deine inneren Widerstände ein und setze dir das Ziel ab sofort dieses System zu durchschauen und zu deinen Gunsten zu nutzen! Hol dir deinen Top-Schulabschluss und lege somit den Grundstein für dein Erwachsenenleben! Übernimm Verantwortung für dich - auch das ist ein Schritt vom Kind hin zum Manager deines eigenen Lebens.

Denn du hast im Leben immer die Wahl, wie du mit deinen Rahmenbedingungen umgehst! Selbst wenn du dich entscheidest, das Risiko des Scheiterns deiner Anstrengungen nicht einzugehen und einfach nichts für die Schule zu tun und die Schulzeit auszusitzen, hast du deine Wahl getroffen: nämlich passiv zu bleiben und andere über dich richten zu lassen. Das ist die wahrscheinlich riskanteste Wahl von allen.

VOM MARATHON UND STÖCKCHEN SPRINGEN

Stell dir einfach folgendes vor: Deine Schulzeit ist wie ein Marathon. Die Strecke verläuft von einer niedrigen Bergspitze (Kindergarten geschafft!) durch ein Tal zu einer hohen Bergspitze (Schulabschluss geschafft!). In regelmäßigen Abständen hält dir jemand ein Stöckchen hin, darüber musst du im Laufe des Marathons immer wieder springen. Du startest vom niedrigen Berg (Kindergarten-Ende) mit Rückenwind, man schubst dich ein bisschen an und du läufst gemütlich in deiner Grundschulzeit ins Tal. Alles ist noch interessant und spannend. Erste kleine Stöckchen lassen sich gut überspringen. Dann kommt der Wechsel auf die weiterführende Schule. Der Berg wird steiler, die Stöckchen beginnen zudem höher zu werden und bei manchen Stöckchen dreht sich dir der Magen um, wenn du sie kommen siehst. Du weißt aber, es wird noch Jahre dauern bis du den Berggipfel (Schulabschluss) erklommen und alle Stöckchen übersprungen hast.

Jetzt in der 8. Klasse hast du die erste steile Steigung des Berges schon geschafft - vielleicht lief alles wie am Schnürchen, vielleicht bist du aber auch schon ganz außer Puste.

ABER alles was war, ist ab jetzt Vergangenheit!

Denn nun ist die Zeit reif, dass du dir Gedanken machst, wie du diesen Marathon zu Ende bringen willst. Keiner kann dir die Entscheidung abnehmen, diesen Marathon überhaupt vernünftig zu laufen. Keiner kann dir das Laufen selbst abnehmen oder auch deine Geschwindigkeit bestimmen. Keiner kann dir abnehmen die Position in deiner Laufgruppe zu erreichen, die du haben willst. Willst du am Ende des Marathons vielleicht sogar auf dem Siegertreppchen stehen und den Jubel deines Umfelds genießen? Dein Umfeld wie deine Eltern und deine Freunde können dich vielleicht trainieren, dich unterstützen und anfeuern, aber sie können nicht für dich laufen.

Du musst deinen Marathon selbst laufen, du musst deine gewünschte Zielposition und damit auch deine Laufgeschwindigkeit festlegen. Du musst schauen, bei welchen Stöckchen du bisher mit Leichtigkeit drüber gesprungen bist und bei welchen du gestolpert oder vielleicht sogar hingefallen bist.

Du merkst schon: Ohne Konzentration auf dein Ziel, deine Anstrengung, Fleiß und Disziplin - sprich ohne deinen Willen wird es nicht klappen. Um das durchzuhalten, brauchst du ein verdammt wichtiges Warum. Warum willst du dieses Ziel erreichen und den Marathon durchhalten? Dazu kommen wir jetzt.

SCHRITT 1 - ZIELE SETZEN

Es gibt verschiedene Zielarten für dein Leben.

Fernziele
Die erste Gruppe bilden die Fernziele, also Ziele für deren Erreichung du mehrere Jahre aufwenden musst. Darunter fällt zum Beispiel dein angestrebter Beruf bzw. das passende Studium hierfür sowie weitere Ziele, die du dir für dein Leben vorgenommen hast.

Mittelfristige Ziele
Die zweite Kategorie bilden mittelfristige Ziele, die du über mehrere Jahre verfolgst, hierzu zählt zum Beispiel dein Schulabschluss.

Kurzfristige Ziele
Die letzte Gruppe bilden die kurzfristigen Ziele, die du zeitnah in den nächsten Tagen, Wochen und Monaten verfolgst, das sind zum Beispiel die Halbjahresnoten oder auch die einzelnen Noten in den nächsten Tests, Klassenarbeiten, Klausuren und Referaten.

Du siehst also schon: Ziele greifen ineinander. Wenn du in den Tests des 1. Schulhalbjahres stets eine 1 ablieferst, wirst du auch im Halbjahreszeugnis eine 1 bekommen.

Wie kommst du zu deinen schulischen Zielen? Ganz einfach: Nimm dir

Zeit und forsche in dir nach! Wovon träumst du?

Fernziele: Hast du schon einen Berufswunsch? Oder eine Idee, wohin deine Reise geht? Notiere ihn.

Viele Jugendliche antworten darauf: „Ich habe absolut keinen Plan!" Das ist auch gar nicht weiter tragisch. Wie du zu deinem Traumberuf kommst, behandeln wir im nächsten Teil des Buchs. Wenn es dir einen Motivationsschub gibt, dann ziehe eben den Teil dieses Buchs vor. ABER definitiv schlecht wäre, wenn du dir jetzt etwas für die Zukunft verbaust. Wenn du eine Ausbildungsstelle oder einen Studienplatz nicht bekommst, weil dein Notenschnitt nicht stimmt.

Deshalb lege **dein mittelfristiges Ziel** zum Schulabschluss fest!
Welcher Schnitt ist dein Ziel? Wenn du es dir von einer guten Fee wünschen könntest, was wäre dein Traum-Schulabschluss? Notiere ihn hier.

Jetzt ist es Zeit für dein Ziele-Plakat

Finde in deinem Zimmer einen Platz für dein Ziele-Plakat. Ziele-Plakate helfen dir deine Ziele besser im Blick zu behalten. Diese Methode nennt sich auch „Vision Board", google einfach nach Beispielbildern, wenn dir eine Vorstellung fehlt. Schreib deinen Wunsch-Notendurchschnitt in großen Zahlen auf dieses Plakat. Das ist sehr wichtig! Wann immer du die Lust verlierst weiter zu arbeiten, schau wieder drauf, motiviere dich und erinnere dich an dein Abschlussziel. Entwickle deinen Durchhaltewillen, um dieses Ziel zu erreichen, Rückschläge zu überstehen und dich davon zu erholen und dranzubleiben. Setze dir lieber ein (scheinbar) zu hohes Ziel! Denn für eine 1,0 strengst du dich mehr an als für eine 2,0. Das heißt, du lässt dann nicht zu früh nach („och nö, für eine 2 reicht es schon"). Dein Ziel muss all deine Kraft und Konzentration binden können. Nur dann wirst du den Fleiß und die Disziplin dafür aufbringen können.

Eventuell schlechte Neuigkeiten und erster Test für deine Willenskraft: Je nachdem wie gut oder schlecht deine bisherigen Leistungen sind, heißt es für dich in nächster Zeit erst einmal lernen, Stoff nachholen und dranbleiben statt chillen, zocken oder ausgehen.

Machst du Abitur, kannst du die nächsten zwei Jahre in der 9. & 10. Klasse Schwerpunkte in Mathe und Deutsch setzen sowie deine Wissenslücken in deinen wichtigsten Abiturfächern schließen.

Machst du deinen Realschulabschluss, ist es Zeit schnellstmöglich dieses mittelfristige Ziel anzugehen.

Als nächstes musst du noch dein Abschlussziel in kurzfristige Ziele für die nächsten Wochen und Monate herunter brechen. Am besten hältst du hierfür fest, welche Noten du halbjahresweise in welchem Fach erreichen möchtest. Und diese Halbjahresnoten brichst du im aktuellen Schuljahr wieder in die einzelnen Noten pro Fach herunter. Hierfür ist es wichtig mit Beginn der 9. Klasse für jedes deiner Schulfächer genau zu wissen, wie viele Arbeiten, Test usw. im Schriftlichen anfallen sowie ob es mündliche Noten gibt. Und wenn ja, wie diese sich zusammensetzen und in welcher Gewichtung sie mit der schriftlichen Note verrechnet werden. Frag deine Lehrer danach, sie müssen das Schuljahr auch durchplanen. Und ab sofort solltest du alle Noten notieren, um immer einen Überblick zu haben, ob du dein Ziel erreichst oder noch mehr lernen musst.

SCHRITT 2 - DEIN „WARUM“ KLÄREN

Vielleicht hast du erwartet, dass jetzt schon die konkreten Schritte zum Vorgehen kommen. Aber nein, halte noch einmal einen Moment inne. Und frage dich noch einmal, was ist dein „Warum“?

Warum möchtest du diesen Abschluss erreichen?
Wenn du dein Warum gefunden hast, dann kannst du auch den Willen und das Verlangen erzeugen, um diesen Weg zum Traum-Abschluss zu überstehen, egal wie steinig er werden mag!

Beispiel Tim

- Warum möchtest Du Deinen Schulabschluss mit dem Schnitt 2,0 machen? Weil ich mich für meine Ausbildungsstelle frei entscheiden will. Mit meinem aktuellen Schnitt von 3,1 kann ich das nicht.
- Warum? Weil ich unter verschiedenen Vertragsangeboten auswählen möchte.
- Warum? Weil ich so schauen kann, welches Unternehmen mir die meisten Vorteile bietet in Bezug auf Entfernung von daheim, Gehalt,

weiteren Leistungen und Möglichkeiten zum Berufseinstieg nach der Lehre.

- Tims Motivation: Ich will frei sein, die beste Lehrstelle für mich auswählen zu können.

Beispiel Sophia

- Warum möchtest du deinen Schulabschluss mit dem Schnitt 1,0 machen? Weil ich noch keinen Plan habe, was ich danach tun will. So halte ich mir alle Möglichkeiten offen.
- Warum? Es fällt mir einfach noch sehr schwer, mich überhaupt auf einen Berufswunsch und somit auf eine Ausbildung oder Studium festzulegen. Ob Bank, Jura, Medizin - ich kann mich nicht entscheiden. Ich will erst noch verschiedene Job-Interviews (wie in Teil 3 beschrieben) führen und vielleicht auch Praktika machen. Vielleicht mache ich auch erst noch ein soziales Jahr oder gehe als Au-Pair ins Ausland. Mit einem 1,0 Schnitt kann ich immer frei entscheiden.
- Warum? Ich bin noch nicht soweit eine Entscheidung zu treffen und will erst mal sehen, was die Welt da draußen zu bieten hat.
- Sophias Motivation: Ich will die absolute Freiheit mich später entscheiden zu können.

Jetzt bist du dran - notiere deine Warums!

- Warum willst du deinen Schulabschluss mit dem Schnitt _______ machen?
- Warum?
- Warum?
- Deine Motivation: _______________

Notiere deinen Motivationssatz ebenfalls auf dein Ziele-Plakat!

Danach ist es noch sinnvoll, wenn du dir über weitere Punkte zur Zielerreichung Gedanken machst. Notiere sie hier!

Welche Charaktereigenschaften brauche ich, um mein Ziel zu erreichen? Habe ich diese schon?

Kenne ich eine Person, die mein Ziel schon erreicht hat und von der ich lernen kann? Die mir vielleicht auch Tipps geben kann? Wen?

Welche Informationen habe ich schon über den Weg zu meinem Ziel? Was muss getan werden, um es zu erreichen?

In welchem Zeitraum will ich mein Ziel erreicht haben?

Was könnten Hürden und Hindernisse auf meinem Weg zum Ziel sein? Wie kann ich diese Hürden und Hindernisse überwinden oder umgehen?

EXKURS: AN DEINEN ZIELEN ARBEITEN OHNE IN DEN BURNOUT ZU KOMMEN

In den folgenden Schritten wirst du Methoden erlernen, wie du deine Ziele erreichen kannst. Bevor du jedoch tiefer darin einsteigst ist ein Punkt extrem wichtig: Diese Methoden helfen dir, dich ab sofort besser zu strukturieren und organisieren. Dadurch kommst du mit der Zeit in den Zustand, dass du nicht mehr nur deinen Zielen hinterher rennst, sondern auch voran kommst. Das wiederum macht dich gelassener im Alltag und verschafft dir wieder mehr freie Zeit, um zur Ruhe zu kommen, dich mit deinen Freunden zu treffen und Hobbies nachzugehen.

Was die nächsten Schritte nicht bei dir auslösen sollen: Noch mehr Druck!

Laut einer Studie der Krankenkasse DAK von 2017 sind bereits 43 % der Schüler gestresst. Sie sind überfordert und teilweise so verzweifelt, dass sie schon depressive Züge aufweisen. Es läuft bei ihnen ein Gedankenkarussell aus Frust, ständiger Reizbarkeit und Antriebslosigkeit. Angst, Panikattacken, Schlaflosigkeit, Erschöpfungszustände, Konzentrationsschwierigkeiten, Bauch- und Kopfschmerzen sind die Folge. Die Gründe für diesen Zustand liegen im hohen Arbeitspensum der Schule, in der Angst vor Prüfungen und Lehrern, Mobbing unter den Schülern, druckmachenden Eltern, der totalen Reizüberflutung durch Medien und dem gesellschaftlichen Leistungsdruck. Je näher der Abschluss rückt, um so höher steigt meist auch der Stresslevel. Eines ist klar: Stress lässt sich nicht vermeiden. Bis zu einem gewissen Grad, der individuell ausgeprägt ist, wirkt Stress sogar stimulierend. Aber als Dauerzustand führt er zur Überforderung und zieht nur negative Folgen nach sich.

Deshalb ist mir eines wichtig: Wenn du merkst, dass du jetzt bereits sehr gestresst oder ängstlich bist, nimm dir erst einmal Zeit, um die Ursache dieser Gefühle zu finden und zu beseitigen. Woher kommt der Stress in deinem Leben? Ist es das Arbeitspensum, Prüfungsangst, dein Lehrer oder deine Klassenkameraden? Schreib die Ursachen nieder und teile diese Gedanken mit einer Person deines Vertrauens und bitte sie um Hilfe. Das hilft deine Seele zu entlasten und Mut sowie Kraft für die nächsten Schritte zu deinem Schulabschluss zu schöpfen. Erst wenn du deinen Stresslevel auf ein für dich ertragbares Niveau gebracht hast, kannst du anfangen hart an deinen Zielen für den Schulabschluss zu arbeiten.

Die folgenden fünf Säulen können dir helfen, deinen Stresslevel zu reduzieren:

1. Entwickle eine realistische und positive Vision für dein Leben - wie sieht deine Traumzukunft aus?
2. Gib dir ein breites Fundament aus verschiedenen Lebensbereichen, auf das du dich stützen kannst: Familie, Freunde, Schule und eigene Interessen.
3. Plane gerade in stressigen Phasen ausreichend Zeit zur Entspannung ein. Erlerne dafür Entspannungstechniken wie Meditation, autogenes Training oder progressive Muskelentspannung. Das hilft dir neue Kräfte zu sammeln und zu mobilisieren.
4. Werde dein eigener Zeitmanager: Entscheide selbst über deine Zeit und entscheide bewusst, wann du wofür wie viel Zeit aufwendest.
5. Sorge für Ausgleich: Achte darauf, dass du gerade in stressigen Phasen auch Zeit für Aktivitäten hast, die dir wirklich Freude bereiten.

Bedenke bei deinen Zielen auch, dass jeder Mensch von uns mit unterschiedlichen Begabungen und Eigenschaften geboren wird. Die Schule nimmt darauf leider keine Rücksicht. Ihr Auftrag ist es, dich in der Breite auszubilden. Es ist außerdem absolut falsch, dass mit einem schlechten Abschluss dein Leben bereits gelaufen ist. Genauso wie auch ein 1,0 Abitur noch lange keine Garantie für ein erfolgreiches Leben ist. Die folgenden Methoden sollen dir auf einem Weg zu einem besseren Abschluss helfen, das muss aber nicht zwingend eine 1,0 sein. Wenn du von Note 4 auf 2 bei deinem Abschluss gekommen bist, ist das eine Wahnsinnsleistung, auf die du richtig stolz sein kannst! Es kommt eben immer darauf an, von wo du startest.

SCHRITT 3 - WO STEHST DU?

Um dein Ziel zu erreichen, musst du erst einmal klären, von wo du startest. Schau mal genau und selbstkritisch auf dich: Steuerst du bereits auf einen guten Abschluss zu? Oder lässt du gerade alles dahinplätschern? Oder hattest du vielleicht sogar ernsthafte Schwierigkeiten in letzter Zeit?

Was waren deine Noten und Rückmeldungen in deinen letzten zwei Zeugnissen? Trage sie hier ein.

Fach	**1. Halbjahr**	**2. Halbjahr**	
Deutsch			▢
Mathematik			▢
			▢
			▢
			▢
			▢
			▢
			▢
			▢
			▢
			▢

In welchen Fächern stehst du gut da und kannst dein Ziel schon heute erreichen? Markiere die Checkboxen der Fächer, in denen du deine Leistung halten willst, mit einem **grünen** Haken. In welchen Fächern stehst du schlecht da? Markiere die Checkboxen der Fächer, in denen du deine Leistung verbessern musst, mit einem **roten** Ausrufezeichen.

Du wirst auch für die Fächer mit grünen Haken weiter arbeiten müssen. Aber die „roten“ Fächer bekommen jetzt mehr Aufmerksamkeit von dir, weil du hier vielleicht erst noch Lücken aus der Vergangenheit schließen musst.

SCHRITT 4 - DEIN GEHIRN KENNENLERNEN

Bevor du startest, dir einen konkreten Plan zu schmieden, wie du dein Ziel erreichst, lernst du jetzt noch einmal dein Gehirn besser kennen. Denn wenn du verstehst, wie dein Gehirn arbeitet, kannst du besser mit deinem Gehirn zusammenarbeiten.

Dein Gehirn-Computer

Stell dir vor, dein Gehirn funktioniert genauso wie ein Computer. Jedoch hat es drei verschiedene Speicherorte.

Im ersten Speicher bleiben Informationen nur ein paar Millisekunden hängen, bevor sie sich wieder automatisch selbst löschen. Die Information kommt herein - z. B. ein Geräusch von einem heranfahrenden Auto - und es wird sofort geklärt, ob diese Information relevant ist und ob eine weitere Aktion verlangt wird - z. B. zur Seite springen oder auf dem Fußweg stehen bleiben. Dauerhaft ist diese Information dieses Augenblicks jedoch unwichtig und verschwindet deshalb wieder aus dem Speicher und damit auch aus unserem Gehirn-Computer. Hier werden hauptsächlich Sinneseindrücke wie Geräusche, Bilder und Gerüche verarbeitet.

Im zweiten Speicher, dem Kurzzeitgedächtnis, bleiben die Informationen schon ein paar Minuten abgespeichert. Das kennst du, wenn du dir kurz vor einem Vokabeltest nochmal schnell alle Wörter eingeprägt hast, um sie abrufen zu können. Dein Gedächtnis beginnt hier schon verschiedene Muster und Beziehungen im Gehirn aufzubauen. Der Speicherplatz des Kurzzeitgedächtnisses ist jedoch leider begrenzt, deshalb hast du die Vokabeln dann auch schnell wieder vergessen. Das Gehirn überschreibt das einfach oder löscht die Informationen.

Für deinen Schulerfolg insbesondere auch bei den Abschlussprüfungen ist das Langzeitgedächtnis am wichtigsten. Hier ist es möglich das gelernte Wissen dauerhaft und sicher aus deinem Langzeitspeicher immer wieder zuverlässig abzurufen. Der Speicherplatz des Langzeitgedächtnisses ist sehr groß. Du kannst immer wieder neue Informationen hierher einprägen.

Lernen ist also nichts anderes als den Lernstoff vom Kurzzeitspeicher in deinen Langzeitspeicher zu bringen. Klingt erst mal einfach - leider hat das Ganze einen Haken. Im Computer kannst du Informationen per drag and drop von einem Speicher zum anderen Speicher verschieben. Bei deinem Gehirn muss der Inhalt jedoch erst durch eine Art Portal in die Welt des Langzeitgedächtnisses eintreten. Doch der Weg dahin ist beschwerlich, denn verschiedene Dämonen verhindern das Weitergehen der Information. Die Informationen aus dem Kurzzeitspeicher schaffen es dann nicht bis zum Langzeitspeicher, denn sie werden einfach vergessen, sie lösen sich quasi einfach auf.

Lerne die Fieslinge und Möglichkeiten zur Bekämpfung kennen:

Dämon Nr. 1: Der Datenmengenschrumpfer

Wenn Dämon Nr. 1 feststellt, dass eine große Menge an Informationen sich aus dem Kurzzeitgedächtnis ins Langzeitgedächtnis aufmachen will, dann minimiert er die Menge so sehr, dass kaum noch etwas im Langzeitgedächtnis ankommt. Der Übergang von Kurzzeit- zu Langzeitspeicher soll immer schön gleichmäßig mit einer gemäßigten Anzahl von Informationen befahren werden, nur dann darf der Lernstoff durch das Portal ins Langzeitgedächtnis eintreten und bleibt für immer im Gehirn haften. Wegen dieses Dämons hast du also schlechte Karten für gute Noten, wenn du mit dem Lernen immer erst kurz vor der Klassenarbeit oder der Klausur beginnst. Der Dämon schrumpft die Datenmenge einfach nach seinem Geschmack.

Den Datenmengenschrumpfer neutralisieren: Unschädlich machst du ihn, indem du kontinuierlich und immer wieder kleine Portionen an Lernstoff lernst und nur das Gelernte vor der Prüfung wiederholst. Also nicht 100 Vokabeln plus drei Zeitformen einen Tag vor der Klassenarbeit pauken, sondern Woche für Woche die Vokabeln lernen und wiederholen. Wichtig - Du musst die kleinen Portionen natürlich immer wieder wiederholen, damit dieser Dämon sie durch das Portal lässt. Bleib dran!

Dämon Nr. 2: Der Ähnlichkeitsverwirrte

Wenn du ähnliche Lerninhalte lernst, ist dieser Dämon so verwirrt, dass er die Datenmenge nicht mehr durchs Portal ins Langzeitgedächtnis lässt. Gleiche Lerninhalte werden so schlechter aufgenommen.

Den Ähnlichkeitsverwirrten neutralisieren: Unschädlich machst du Dämon Nr. 2, indem du ähnliche Lerninhalte zu verschiedenen Zeitpunkten lernst, z. B. Englisch-Vokabeln am Morgen im Bus zur Schule und Latein-Vokabeln am Abend vor dem Schlafengehen. Du kannst gezielte Pausen zwischen dem Vokabel-Lernen machen oder du lernst einfach ein bisschen Mathe dazwischen. Gezielte Pausen zwischen verschiedenen Lernblöcken sind sowieso der heilige Gral im Lernen (aber bitte nicht mit der nächsten Episode deiner Lieblingsserie füllen - dann ist dein Speicher damit belastet).

Dämon Nr. 3: Der Too-Much-Dämon

Der Too-Much-Dämon versperrt den Weg ins Langzeitgedächtnis, wenn verschiedene Informationen gleichzeitig auf das Gehirn einprasseln. Dumm ist, während des Lernens bemerkst du diesen Dämon meist gar nicht. Alles erscheint dir logisch und du denkst, du hast es abgespeichert. Aber im Test kannst du das Gelernte plötzlich nicht mehr wiedergeben.

Den Too-Much-Dämon neutralisieren: Konzentriere dich auf eine Lernsache. Wenn du Englisch-Vokabeln paukst, paukst du Englisch-Vokabeln. Nichts anderes. Du schaust nicht nebenbei fern, du hörst keine Musik und du chattest auch nicht im Messenger - stell dein Smartphone aus. Machst du das ebenfalls bei den Hausaufgaben, wirst du nach ein paar Wochen feststellen, dass sich die Unterrichtsinhalte von alleine auf den Weg zum Portal gemacht haben.

Dämon Nr. 4: Der Is-Mir-Egal-Dämon

Ein absoluter Fiesling unter den Dämonen. Dein Interesse an einem Schulfach kann dafür sorgen, dass die Inhalte wie von allein in deinem Langzeitgedächtnis hängen bleiben. Aber logisch, es ist natürlich schwierig so eine Lust an den Themen willentlich zu erzeugen. Vielleicht nervt ja der Lehrer oder der Inhalt wird einfach sterbenslangweilig rübergebracht. Leider endest du dabei in einem bösen Teufelskreis: Du hast keine Lust auf das Fach oder dessen Themen, weißt aber du musst das jetzt lernen. Das führt zu Stress, Angst und Anspannung bei dir. Dieses Trio erzeugt wiederum Denkblockaden, du verlierst an Selbstvertrauen und denkst, du checkst einfach gar nichts. Langsam wirst du dann wütend in deiner totalen Überforderung und am Ende ist dir alles egal. Damit kommst du zu schlechten Ergebnissen, die dein Interesse an dem Fach / Thema ausgelöscht haben und du startest wieder bei Null-Bock.

Den Is-Mir-Egal-Dämon neutralisieren: Diesen Dämon musst du besonders im Auge behalten. Denn jedes Fach, auf das du keinen Bock hast, wird dir noch mehr Leistungswillen abverlangen. Den Is-Mir-Egal-Dämon kannst du dann nur mit harter Arbeit und effizientem Lernen, vor allem aber mit einer positiveren Grundhaltung, besiegen. Die richtigen Lernmethoden sind in solchen Fächern noch wichtiger als sonst!

Der Is-Mir-Egal-Dämon Check
Trage unten deine Fächer ein und mache den Dämon-Check. Alle Is-Mir-Egal-Fächer musst du besonders im Auge behalten!

Fach	finde ich spannend	geht so	is mir egal

Dämon Nr. 5: Der Bequemlichkeitsdämon

Dieser Dämon ist neben Nr. 4 vielleicht der Schlimmste, er bepinselt deinen Weg mit klebriger Paste und zeigt dir schönere, einfachere Dinge, um das Wissen vom Langzeitgedächtnis wegzuhalten. Er appelliert an deine Faulheit und lässt dich passiv werden und chillen, damit du vermeintlich Energie sparst. Er bringt dich zum Träumen und lenkt dich mit anderen Gedanken ab. Träumen ist gut und entspannend für dein Gehirn - aber bitte in der Pause! Sonst bist du zwar körperlich in der Schulstunde oder bei der Nachhilfe anwesend, aber dein Geist ist es nicht. Dummerweise musst du dann im Nachgang viel mehr Energie aufwenden, um dir den Schulstoff noch einmal selbst zu erarbeiten.

Den Bequemlichkeitsdämon neutralisieren: Beteilige dich auch geistig am Unterricht, nimm Informationen und Wissen gleich in der Schule auf - Du sparst damit unglaublich viel Zeit und Energie, die du sonst daheim investieren musst, um dich mit den Lerninhalten zu beschäftigen. Auch eine offene Grundstimmung dem Thema / Fach gegenüber ist förderlich. So stärkst du dein Interesse, deine Neugier und Begeisterung für die Lerninhalte. Das führt zu Lernerfolgen und damit wiederum zu einer offenen, positiven Grundstimmung für neue Themen. Was du gern tust, fällt dir leichter und gelingt dir einfach besser. Also auch ein Teufelskreis, nur dieses Mal positiv für dich. Am besten kannst du den Dämon besiegen, indem du immer wieder deinen Willen stärkst und versuchst weiterzukommen. Ein unbändiger Wille kann diesen Dämon in Schach halten und vertreiben. Aber wie kannst du deinen Willen stärken für etwas, das dir keinen Spaß macht?

Dafür kannst du von Leistungssportlern lernen und deren Taktik anwenden und auf dich übertragen. Denn im Grunde genommen trainieren viele Leistungssportler ihre gesamte Jugend auf einen bestimmten Wettkampf bei Olympia oder einer Weltmeisterschaft hin. Auf ein paar Sekunden oder Minuten des Sieges in ihrem Leben.

Fülle die folgende Tabelle aus!

Leistungssportler haben ...	**Du hast ...**
...ein klar definiertes Langzeit-Ziel und daraus abgeleitete Kurzzeit-Ziele.	
<u>Langzeit-Ziel</u>: Nehmen wir Profi-Fußballer als Beispiel. Deren Langzeitziel ist es, irgendwann in der deutschen Nationalmannschaft in einer WM zu	Dein Langzeit-Ziel und deine Kurzzeit-Ziele kennst du schon und hast du bereits notiert.

<table>
<tr>
<td>spielen und natürlich auch Weltmeister zu werden.
<u>Kurzzeit-Ziele:</u>
Von vorn angefangen bedeutet das, dass verschiedene Ziele erreicht werden müssen, hier mal ein Beispiel wie ein Weg aussehen könnte.
1. Mitglied im Ortsverein werden
2. Im Training immer besser werden und von Talent-Scouts des nächsten großen Fußballvereins entdeckt zu werden
3. Mitglied in der Nachwuchsmannschaft dieses Vereins zu werden
4. Konkrete Erfolge in Turnieren der Regionalliga (ggf. noch in U 20)
5. Angebot für die 2. Bundesliga
6. Konkrete Erfolge in Turnieren in der 2. Bundesliga (ggf. noch in U20)
7. Angebote für die 1. Bundesliga
8. Konkrete Erfolge in Turnieren in der 1. Bundesliga (ggf. noch in U20)
9. Aufnahme in die Nationalmannschaft</td>
<td></td>
</tr>
<tr>
<td colspan="2">… den Willen und Motivation dieses Ziel zu erreichen, mit vollem Einsatz und Fokus auf dieses Ziel.</td>
</tr>
<tr>
<td>Profi-Fußballer sind über Jahre hinweg, teils schon als Kinder, motiviert, dieses Ziel eines Tages zu erreichen und den Pokal der Weltmeister in der Hand zu halten.

Durch diesen Willen können sie auch schlechte Phasen oder Verletzungen aushalten. Der Willen speist sich aus dem Warum und das wiederum aus dem Ziel.
Du erinnerst dich?</td>
<td>Du hast es bereits notiert: Woher kommt dein Willen, was ist dein „Warum“?</td>
</tr>
</table>

... Feedback nötig, um immer mehr Verbesserungen zu erzielen.	
Nach jedem Spiel gibt es eine Mannschaftsbesprechung. Der Trainer beschreibt seine Beobachtungen zum Spielverlauf, der Technik und Verbesserungen. Das nennt man auch Coaching und soll jedem einzelnen Spieler als auch der Mannschaft als Ganzes weiterhelfen, in den nächsten Spielen besser zu werden. Denn Du weißt ja: „nach dem Spiel ist vor dem Spiel"!	Wer gibt dir Feedback? Wer kann dich coachen und dir helfen, dich weiter zu verbessern? Noten sind bereits ein Feedback an sich, aber dein Lehrer kann dir vielleicht noch mehr helfen, dich zu verbessern. Frag mal nach!
... eine Bereitschaft, ständig mit dem erreichten Ergebnis weiter zu arbeiten, um noch besser werden.	
Gut ist nicht gut genug. Im Training werden Leistungen gemessen, um sich permanent zu verbessern. Damit kann im Wettkampf dann die bestmögliche Leistung abgeliefert werden.	Bist du bereit, über eine lange Zeit immer weiter an dir zu arbeiten?

Du kannst die Tabelle ebenfalls auf deinem Ziele-Plakat abzeichnen, wenn es dir hilft, deinen Willen zu stärken.

SCHRITT 5 - DIE IDEALE LERNUMGEBUNG FÜR DICH SCHAFFEN

Du kommst heim und in deinem Zimmer herrscht wieder mal das absolute Chaos. Dein Schreibtisch ist total vermüllt und die Klamotten liegen kreuz und quer auf dem Boden verteilt. Ist so eine Umgebung einladend, um hier in den nächsten Wochen und Monaten, vielleicht sogar Jahren einen Großteil deiner Lernzeit zu verbringen? Denn das wirst du, wenn du die Dämonen bekämpfst und am Ende besiegen willst. Außer du hast noch eine tolle Bibliothek in deiner Nähe, zum Beispiel wenn du in einer Uni-Stadt wohnst, und kannst dort lernen.

Das heißt als erstes: Schaffe eine angenehme Lernumgebung für dich. Schaffe dir Platz, bringe dein Zimmer in Ordnung, miste aus (und verkaufe, was möglich ist - denk an Teil 1 und dein Sparschwein) und putze mal so richtig durch - kurz: Erschaffe dir eine Wohlfühl-Oase in deinem Zimmer, denn je wohler du dich fühlst, umso besser kannst du lernen!

Um gut lernen zu können und die Ablenkung möglichst gering zu halten, brauchst du:

- einen (ordentlichen, also freien) Schreibtisch
- eine helle Schreibtischlampe (bevorzugt Licht mit Blau-Anteilen
- einen ordentlichen (Schreibtisch-)Stuhl
- ein Bücherregal oder Bücherschrank in Reichweite vom Schreibtisch
- ein Ablagesystem, in das du deine Unterlagen zum jeweiligen Fach einsortieren kannst, z. B. verschiedene Leitzordner oder auch ein Schubladensystem, beschrifte so wie du es brauchst - dadurch kannst du Unterlagen wie Tests und Arbeitsblätter oder deine Zusammenfassungen schneller wiederfinden
- funktionierende Materialien (gespitzte Bleistifte, gefüllte Füller, Fineliner, Textmarker, Blöcke, Lineal, Geodreieck, Taschenrechner, Klebezettel usw.) - alles, was du zum Lernen und zum Hausaufgaben machen brauchst
- eine kleine Box oder einen kleinen Schuhkarton
- einen internetfähigen Computer, um Lerninhalte zu recherchieren (z. B. für Erklärvideos und Übungen, keine anderen YouTube-Channel als Ablenkung!)
- alles bekommt einen festen Platz von dir zugeordnet, an diese Stelle legst du den Gegenstand in Zukunft immer wieder zurück
- Ohrstöpsel, falls es sehr laut in deiner Umgebung ist
- in Sichtweite, vielleicht sogar über deinen Schreibtisch: Dein Ziele-Plakat, so hast du immer wieder einen Motivationsschub, wenn dir die Puste auszugehen droht

Zu Beginn jeder Lernsession schaust du, welche Unterlagen und Materialien du brauchst. Du legst alles bereit und kapselst dich dann von deiner Umwelt ab: Du sorgst für Ruhe - notfalls mit Ohrstöpseln (falls du kein eigenes Zimmer hast), einem „Bitte-nicht-stören-Schild" an der Tür und vor allem stellst du dein Smartphone auf lautlos (ohne Vibrationsmodus!) und legst es mit dem Bildschirm nach unten in die Box. Jetzt bist du in deiner Lernkapsel und arbeitest an deinen Zielen und an deiner Zukunft - Du bist nicht erreichbar, denn du erfüllst deine Mission!

Nach dem Lernen räumst du wieder alles weg, so dass du am nächsten Tag wieder starten kannst. Denn wer erst aufräumen muss, bevor das Lernen dran ist, hat schon mächtig viel Energie und Lust verloren.

SCHRITT 6 - VON DEINEM ABSCHLUSSZIEL INS TUN KOMMEN

Auch der längste Marathon beginnt mit dem ersten Schritt: Du kennst nun deine Ziele, dein Warum, du weißt, wo du stehst, wie dein Gehirn funktioniert, welche Dämonen den Weg zum Langzeitgedächtnis blockieren, wie du sie besiegst, deinen Willen entwickelst und wie du deine Wohlfühl-Lernatmosphäre schaffst.

Nun kannst du ins **TUN** kommen - das bedeutet:

TUN = **T**rägheit **U**nunterbrochen **N**eutralisieren

1. Finde heraus, welcher Lerntyp du bist und welche Lernstrategien dich zum Erfolg führen!

Es gibt verschiedene Lerntypen. Die einen lernen besser durch lesen und anschauen, die anderen besser, indem sie den Stoff gehört haben und wieder andere besser durch praktische Handarbeit wie zum Beispiel Modelle von bestimmten chemischen Verbindungen bauen. Es wichtig herauszufinden, welcher Lerntyp du bist, denn so kannst du die passenden Lernstrategien für dich herausfinden und das Erlernen des Stoffes noch in die passenden Häppchen für dein Gehirn aufteilen. Im Internet gibt es viele Erklärungen und kostenlose Tests mit konkreten Empfehlungen dazu. Wenn du dort nicht weiterkommst, kann dir bestimmt auch ein Lehrer aus deiner Schule weiterhelfen, schließlich sind sie Experten fürs Lernen.

2. Verschaff dir einen Überblick über die Anforderungen deiner Abschlussprüfungen!

Suche im Internet nach den Anforderungen für deine Abschlussprüfungen. Was musst du beherrschen? Welche Themenbereiche werden abgefragt? Suche nach den Prüfungen der letzten fünf Jahre sowie deren Lösungen. Teilweise gibt es die im Internet zur freien Verfügung, teilweise kann man sie auch im Buchladen kaufen. Mach dich schlau!

Wenn du nicht weiterkommst, bitte einen Lehrer deines Vertrauens um Hilfe dabei. Er wird wissen, wo und wie du an diese Informationen kommst. Es kann natürlich sein, dass du noch viele Jahre bis zum Abitur vor dir hast. Doch der Stoff baut in Fächern wie Chemie, Mathematik, Physik oder Sprachen aufeinander auf. Bitte deine jeweiligen Fachlehrer um Hilfe. Gemeinsam könnt ihr die Themen aus den bisherigen Jahren klären, welche die wichtigen Grundlagen für die kommenden Jahre bilden und noch einmal von dir wiederholt werden sollten.

3. Schließe deine Wissenslücken!

Identifiziere deine Wissenslücken aus der Vergangenheit. Dafür suchst du im Internet nach dem Lehrplan (den gibt es schuljahresweise) bis zur Abschlussprüfung und klärst für dich:

- Welche Themen der Abschlussprüfungen kennst du noch nicht, d.h. welche kommen noch im Lehrplan vor? Hier musst du nichts tun, außer aufpassen, wenn es soweit ist.
- Welche Themen hast du bereits behandelt und beherrschst du? Da musst du auch nichts tun, außer es nicht vergessen.
- Welche Themen hast du bereits behandelt und musst du dir aber dennoch erarbeiten, weil du es nicht verstanden hast? Notiere dir diese Themen in deiner Wissenslücken-Liste.

Wenn du hiermit nicht zurechtkommst, kannst du auch deine Lehrer fragen. Die sollten sich darin auskennen und dich einschätzen können.

4. Zeitmanagement

„Ich habe keine Zeit." ist wohl einer der häufigsten Sätze unserer Zeit. Die Digitalisierung brachte eine noch nie dagewesene Beschleunigung unseres Alltags mit sich. Trotzdem haben wir das gleiche Maß an Zeit wie unsere Vorfahren, wir ver(sch)wenden sie nur anders. Um Lernstoff zielgerichtet zu lernen und trotzdem noch Zeit für deine Hobbies und Interessen zu haben, musst du lernen, Zeit richtig zu nutzen.

Beobachte dich dazu im Alltag - zu welcher Tageszeit bist du am besten konzentriert und aufnahmefähig. Da tickt jeder Mensch anders. Sicher ist dabei, dass Lernen dich mehr Energie kostet, wenn du es zu einer für dich ungeeigneten Tageszeit tust, also wenn du zu müde und erschöpft bist. Dann lassen die Dämonen garantiert nichts durchs Portal ins Langzeitgedächtnis.

Wenn du deine Leistungsfähigkeit einschätzen kannst und weißt, wann du am besten konzentriert arbeiten kannst, beginnst du sogenannte Zeitfenster festzulegen. Zum Beispiel jeden Nachmittag von 15 - 17 Uhr oder von 8 - 13 Uhr an den Wochenenden. In diesen Zeiten der hohen Konzentrationsfähigkeit lernst du oder erarbeitest dir schwierigen Lernstoff. In Phasen der schlechteren Konzentration machst du eher einfachere Aufgaben oder erledigst andere Dinge (zum Beispiel nutzt du die Zeit für deine Hobbies oder kannst im Haushalt helfen, das vergrößert die Wohlfühlatmosphäre mit deinen Eltern). Verplane außerdem nur die Hälfte der Zeit mit konkreten Lerninhalten. Dann hast du genügend Puffer, falls du nicht sofort in dem Thema vorankommst und erst noch mehr recherchieren musst. Außerdem sollten immer genügend kurze Pausen (10 min) möglich sein, damit dein Gehirn sich auch mal etwas entspannen kann. Du weißt ja, so trickst du die Dämonen aus.

Nachts zu lernen bringt übrigens selten was - Du entziehst damit deinem Körper nur wichtige Ruhephasen und Schlaf.

5. Erstelle deinen Lernplan und leg los!

Du kennst dein Langzeitziel: den Top-Abschluss! Du hast mit 2. und 3. eben herausgefunden, welche Themen für den Abschluss relevant sind und wo deine Wissenslücken sind.

- Schau genauer hin: Bauen bestimmte Inhalte noch aufeinander auf, so dass du eine bestimmte Reihenfolge einhalten musst? Wenn ja, wie ist diese Reihenfolge? Z.B. kannst du ohne kleines Einmal-Eins keine Brüche kürzen. Und ohne Brüche kürzen, bist du verloren in Binomischen Formeln.
- Baue daraus deinen Lernplan - eine Checkliste in passender Reihenfolge mit allen Themengebieten und Themen, die du lernen willst. Nutze nun deine Nachmittage, Wochenenden oder die nächsten Ferien. Beginne deine Lücken zu schließen und aktuellen Stoff zu bearbeiten und zu festigen. Thema für Thema, Themengebiet für Themengebiet. Im Internet (oder auch deinen Schulbüchern) findest du zu jedem Thema Erklärungen sowie Übungsaufgaben.
- Fang einfach an! Arbeite den Lernplan Punkt für Punkt ab. Plane realistische Zeitfenster dafür ein, damit du nicht in Stress gerätst.
- Arbeite dich immer tiefer in den Stoff ein. Ein angenehmer Nebeneffekt dabei: Du wirst nach den Ferien und mit dem Laufe der Zeit immer entspannter in das jeweilige Fach gehen. Denn du hast jetzt die Grundlagen für deinen Schulerfolg geschaffen, danach heißt es nur noch stetig dran bleiben!
- Wenn du nicht weiterkommst: Such dir Hilfe! Kennst du jemanden, der dir ein Thema erklären kann? Frag dich in deinem Verwandten- und Freundeskreis durch, bis du jemanden gefunden hast. Oder nimm Nachhilfe bei jemanden, der sich wirklich gut in deinem Problemfach auskennt.

Auf der nächsten Seite folgt ein Beispiel, wie ein dein **Lernplan** aussehen kann. Im Internet gibt es viele weitere Vorlagen. Such dir deine Lieblingsvariante unter dem Stichwort „Lernplan“ raus.

Datum	Themengebiet	Zeit	Thema	Tätigkeit	Offene Fragen	Selbsteinschätzung
11.06.20 XX	Binomische Formeln	8:00 - 9:30	$(a+b)^2$	Mathebuch lesen (10 min) YouTube Erklärvideos anschauen (15 min) rechnen (1h5 min)		
		10:00 - 11:30	(a-b)	Mathebuch lesen (10 min) YouTube Erklärvideos anschauen (15 min) rechnen (1h 5 min)		
...	...	...	...	...	...	...

Zusammenfassungen schreiben

Wenn du lernst, schreib dir Zusammenfassungen. Das heißt, du schreibst dir die wichtigsten Punkte noch einmal auf und legst diese dann in deinem Lernordner ab, wenn du das Thema komplett verstanden und durchdrungen hast. Du beantwortest in Zusammenfassungen für jedes Thema die Fragen, was war dabei wichtig und lohnt sich aufgeschrieben zu werden. Weiterer Vorteil: Du hast alle Inhalte schon für eine Wiederholung vor der Prüfung oder auch anstehenden Tests parat.

Visualisierung

Vielleicht hilft dir aber auch eine Visualisierung deines Lernstoffs. Besorge dir im Internet eine kostenlose MindMap Software und sortiere dein Themengebiet und die einzelnen Themen und deren Fakten in deiner Lernlogik.

Lernkartei

Eine weitere Methode, die auch gut für Schulwege geeignet ist, ist die Lernkartei. Nimm dir Vokabeln und andere Lerninhalte, die auswendig zu lernen sind, in deiner Jackentasche mit. Karteikärtchen mit Inhalten, die du beherrschst, wechseln von einer Seite auf die andere. Daheim wechseln die Kärtchen ihr Fach in deinem Karteikartenkasten. Für Vokabeln gibt es das schon von den meisten Schulbuchverlagen passend zum Buch zu kaufen.

Bewegung beim Lernen

Manchmal hilft es auch, sich beim Lernen zu bewegen. So gibt es Vokabellern-Spaziergänge oder du tigerst von einer Seite deines Zimmers zur anderen. Probiere es doch mal aus!

SCHRITT 7 - DIE SCHULE SELBST NICHT VERGESSEN

All deine Arbeit und Leistung, die du nun durch Fleiß und Schweiß daheim am Schreibtisch erbringst, ist natürlich nicht viel Wert, wenn wir einen Hauptfaktor auf dem Weg zum Top-Abschluss vernachlässigen: Deine Lehrer.

Es ist kein Geheimnis, dass viele Noten relativ sind und Lehrer Spielräume in der Benotung haben. Immer wieder gibt es im Internet anonyme Artikel, in denen Lehrer berichten, wie ungerecht Diskussionen im Lehrerzimmer verlaufen. Einmal schlechter Schüler, immer schlechter Schüler - der Ruf, der dir vorauseilt, kann dir zum Verhängnis werden.

Deshalb gilt ab sofort die oberste Devise: Lehrer sind auch nur Menschen. Du musst ab jetzt im Klassenraum glänzen, um deine Noten zu verbessern. Damit verbesserst du sofort deine mündlichen Noten, was in einigen Fächern die Hälfte der Note ausmachen kann. Du musst dabei wissen, gerade mündliche Noten sind nicht absolut sondern immer relativ, also abhängig davon wie gut deine Mitschüler sind. Sind deine Mitschüler leistungsschwach und / oder desinteressiert an dem Fach - um so besser für dich. Da kannst du schon mit wenig Aufwand, steter Mitarbeit im Unterricht und richtigen Antworten oder ein paar klugen Beiträgen deine mündliche Note 1 erreichen. Hast du leistungsstarke Mitschüler, musst du dich jedoch noch mehr anstrengen, um einen Schritt voraus zu sein und zu punkten.

Wie arbeitest du im Klassenzimmer an deiner Abschlussnote? Eigentlich ist das nicht wirklich schwer zu erraten und die folgenden Punkte sind hoffentlich bereits Selbstverständlichkeiten für dich. Wenn nicht, dann fang damit an - Wertschätzung, Höflichkeit und Respekt sind nämlich keine Einbahnstraße. Was du von anderen erwartest, solltest du anderen genauso zuteilwerden lassen.

1. Der erste Eindruck zählt: Lernst du einen Lehrer in einem Fach neu kennen, hast du 30 Sekunden Zeit und eine Einschätzung wird von ihm über dich getroffen. Ist dieser Eindruck negativ, ist es deutlich schwieriger den Lehrer von deiner Leistung zu überzeugen.
2. Pünktlichkeit und Ordnung: Lehrer hassen es, am Stundenbeginn Zeit zu verlieren. Sei also am besten vor Unterrichtsbeginn im Raum und lege alle notwendigen Materialien bereit. Damit signalisierst du deinem Lehrer, dass du ihn und sein Fach ernst nimmst.

3. Setz dich in die erste oder zweite Reihe, dort kannst du dem Unterricht besser folgen und dein Lehrer empfindet dich als präsenter. Dafür musst du gar nichts extra machen. Schüler in der ersten Reihe werden meist in Ruhe gelassen, aber sofort bemerkt, wenn sie sich melden.
4. Dein Geist muss in der Schulstunde anwesend sein, nicht nur der Körper: Ohne Konzentration (also der Höchstleistung deines Hirns) für die komplette Stunde kannst du keine Bestleistung liefern. Außerdem lernst du auf diese Art schon viel Stoff bereits in der Schule und verringerst den Aufwand für die Nachbearbeitung daheim.
5. Shut up: Quatsche nicht mit deinem Nachbarn! Das nervt deinen Lehrer auf Grund der Geräuschkulisse und du selbst kannst weniger Inhalt in dein Hirn aufnehmen.
6. Play hard. Work harder.: Du warst gestern mit deiner Clique feiern oder hast Schnupfen - dann heul doch nicht und reiß dich zusammen! Du willst den Marathon deines Lebens laufen und bleibst nicht stehen.
7. Schreib mit: Wenn es Arbeitsblätter oder Kopiervorlagen gibt, ergänze sie mit Notizen aus dem Unterricht. Das sind vielleicht wichtige Informationen und Details für die nächste Arbeit. Achte auf scheinbar unwichtige Nebeninformationen, bereite alles daheim auf.
8. Achte auf die Wortwahl deines Lehrers: Nutzt er bestimmte Begriffe und Füllwörter besonders häufig? Welche Fachbegriffe setzt er ein? In Arbeiten solltest du genau diese Wörter wieder einbauen. Bei Fachbegriffen logisch, bei Wörtern aus seinem persönlichen Sprachschatz ist es sehr wahrscheinlich, dass diese eine unbewusste Sympathie und damit eine bessere Note für dich erzeugen.

LERNHACKS

Schlaf

Dein Schlaf ist heilig, denn währenddessen kann das Gehirn Informationen verarbeiten. Diese Zeit nutzt es, um Gelerntes an den Dämonen vorbei zu schmuggeln. Sorge also dafür, dass du stets ausreichend Schlaf bekommst, um nicht nur mehr Energie zu haben, sondern auch besser lernen zu können.

Freizeit

Freizeit ist freie Zeit, nicht frei beschäftigte Zeit! Dein Gehirn braucht mal eine Pause von der Informationsverarbeitung. Wenn du es per Seriensucht, beim Zocken oder im Chat beschäftigt hältst, kann es sich nie richtig erholen. Dafür wurde es einfach nicht von der Natur gebaut. Gibt deinem Gehirn frei - sorge für Zerstreuung und für Langeweile. Senke die Zahl deiner Termine und Verpflichtungen. Wer auf einen Top-Abschluss zuläuft, braucht nicht noch jeden Nachmittag eine Veranstaltung. Gib dir Erholungsphasen - geh raus in die Natur, geh spazieren, treib Sport oder setze dich auf eine Parkbank und beobachte deine Umwelt. ABER lass eine Sache aus: Dein Smartphone. Freizeit ist deine Gehirn-Entspannungszeit.

Manifestation

Oder auch das „Gesetz der Anziehung“ genannt - recherchiere dazu. Es wird dir helfen, dich deinen Zielen, Wünschen und Träumen näher zu bringen. Wie das geht? Dein Erfolg muss in deinen Gedanken bereits Realität sein. Du musst den Moment des Triumphs mit deinem Top-Abschluss bereits sehen, hören, ja geradezu fühlen können. Versetze dich so oft wie möglich in diese Situation, in diesem Moment der Euphorie. Lasse dabei nicht mehr nach, programmiere dein Unterbewusstsein und es wird dir helfen, deine Träume zu leben und deine Realität zu verändern. Natürlich gibt es auch Menschen, die glauben, man könnte vom Universum Wunder bestellen - Du wirst aber schnell feststellen, dass diese Wunder nur eintreten können, wenn du auch die notwendigen Schritte erbringst und für deine Ziele arbeitest. Auch hier heißt es: ohne Fleiß, kein Preis! Oder wie bereits der römische Philosoph Seneca sagte: „Glück ist, was passiert, wenn Vorbereitung auf Gelegenheit trifft!“

Deine persönliche Haltung

Verändere deine Haltung gegenüber der Schule. Versuche diesen Ort und all die Pflichten, die du dort erfüllen musst, positiv aufzuladen. Du wirst von Lehrern genervt? Doch nur weil es deren Job ist, alles aus dir rauszuholen. Sei dankbar dafür, dass sie dich nicht aufgeben. Wenn du bisher schlecht in der Schule warst, strafe alle lügen und beweise, dass du es schaffst. Steige auf, wie der Phoenix aus der Asche! Schule wird dein Job in den nächsten Jahren, und es ist wichtig, dass er dir auch anfängt Spaß zu machen.

Musik

Bei der Gehirnfunktion hast du gelernt, dass das Hirn sich leicht ablenken lässt und schlechter lernt, wenn weitere Informationen neben dem Lernstoff auf es einströmen. Aber es gibt natürlich auch Menschen, die Ruhe und Stille als laut und extrem störend empfinden. Gehörst du dazu, empfehle ich dir die Lernmusik auf YouTube. Schau einfach mal nach Lernmusik oder Alphawellen und stöpsel dich ein. Damit kommt dein Gehirn gleich in Lernstimmung.

Innere und äußere Kritiker

Wenn du dich für ein Ziel entschlossen hast - welche Gedanken kommen dir? Zweifelst du an dir selbst? Wer unterstützt dich bei deinem Weg? Wer säht weitere Zweifel in dir? Wer hält dich zurück? Blende ab sofort alles und jede Person aus, was oder die dich zurückhält oder dich klein hält. Auch den inneren Kritiker, die Stimme im Kopf, die manchmal unerbittlich mit uns ist. Bitte deine Eltern um Unterstützung bei deinem Ziel, es ist wichtig, dass sie an dich glauben, damit du auch an dich glauben kannst. Wenn auch sie an dir zweifeln, dann musst du es alleine schaffen. Bitte sie dann wenigstens um Schweigen über deine Ziele, damit du alle Energie auf deine Mission konzentrieren kannst.

Glaubenssätze

Wenn dein innerer Kritiker an dir zweifelt und dir einredet, dass „Du das sowieso nicht schaffst", „Du kannst eben kein Mathe (wahlweise anderes Fach)" - dann gibt es ein Mittel dagegen. Gib dieser Stimme einen Namen, möglichst einen lustigen oder lächerlichen. Und dann sprichst du mit ihr im inneren Dialog, z.B. „Aber Plapperino, was haben wir heute denn für eine Laune? Du sollst doch ordentlich mit mir sprechen. Ich verstehe, dass du mich vor einem Scheitern schützen willst, indem ich es gar nicht erst versuchen soll. Aber ich will mich jetzt anstrengen. Ich ziehe das jetzt durch und freue mich, wenn du mich mehr dabei unterstützt!"

Dein innerer Kritiker kommt aus Glaubenssätzen, die du im Laufe deiner Kindheit erworben hast. Er spiegelt nicht die Realität und dein Vermögen erfolgreich zu sein wider. Diese Stimme zeigt lediglich auf, was du bisher in deinem Leben über dich gelernt hast. Aber du entwickelst dich nun weiter! Merke dir, du bist Herr*in deines Lebens - nicht diese Stimme. Und mit genügend Willen und Fleiß kannst du viel erreichen. Du kennst sicher das Sprichwort: „Wer kämpft kann verlieren, wer nicht kämpft, hat schon verloren!"

Fünf Menschen

Du bist der Durchschnitt der fünf Menschen in deiner Umgebung, mit denen du am meisten Zeit verbringst. Hast du das gewusst? Dann überprüfe mal, wer diese Personen in deinem Leben sind. Welche Eigenschaften haben sie? Welchen Einfluss üben sie auf dich aus? Unterstützen sie dich in deinem Vorhaben, bei der Erreichung deiner Ziele und Träume? Es ist nachgewiesen, dass es zum Beispiel deutlich schwerer fällt abzunehmen, wenn man einen dicken Partner ab, der nichts dagegen tun möchte. So hart es klingt: hält dich einer dieser Menschen zurück? Dann mache ab sofort einen Bogen um diese Person oder schränke den Kontakt ein. Du brauchst Kraft, um dein Ziel zu verfolgen. Jemand, der dir

Energie auf deinem Weg raubt, kann ein Scheitern deiner Mission bedeuten. Suche dir lieber Menschen, die dich pushen und weiter antreiben und motivieren. Wenn wir hier von deinen besten Freunden sprechen und du verständlicherweise einen Kontaktabbruch/-einschränkung willst, dann sprich mit ihnen. Erkläre ihnen dein Ziel und bitte sie um ihre Unterstützung oder zumindest um wohlgesonnenes Schweigen.

Umgang mit Scheitern

Leider ist es bei uns nicht positiv angesehen, wenn du scheiterst. Schlechte Noten werden erst recht schlecht beurteilt. Aber merke dir: Wenn du gescheitert bist und doch eine miese Note einkassiert hast, dann hast du zwei Möglichkeiten. Liegenbleiben und für immer in der Angststarre vor weiterem Scheitern verharren - was ironischerweise totales Scheitern nach sich zieht.

Oder du stehst auf, klopfst dir den Dreck des Scheiterns ab und gehst in den Check: Was hat dazu geführt, dass ich gescheitert bin? Wo liegen meine Fehler oder Wissenslücken? Wie kann ich mich für das nächste Mal besser vorbereiten? Das Wiederaufstehen ist die Wahl der Sieger. Sieger stehen einmal mehr auf, als sie hingefallen sind.

Vorbilder

Gerade bei Schritt 2 über das Warum hast du gelernt, dass es wichtig ist, Vorbilder zu finden. Vorbilder, die deinen Weg schon gegangen sind. Menschen, von denen du lernen kannst. Was haben sie richtig gemacht, um dieses Ziel zu erreichen?

Fang auch an Biografien zu lesen. Du wirst feststellen, auch die größten Vorbilder sind in ihrem Leben gescheitert. Manche mussten sogar sehr bittere Niederlagen wie Bankrott, Studiumsabbruch oder schwere Unfälle und andere Schicksalsschläge überwinden. Der Unterschied zu Gescheiterten besteht jedoch darin, dass diese Vorbilder einmal mehr aufgestanden als sie hingefallen sind. Sie haben die Hoffnung und das Vertrauen nie aufgegeben. Manche haben übrigens einen so starken Willen, dass sie auch schon als besessen beschrieben werden.

Prokrastination

Oder auch Aufschieberitis genannt - das ist ein Zustand, den es unter allen Umständen zu vermeiden gilt. Er ist gekennzeichnet von einem ständigen Vertagen der Lernzeit und einem viel zu häufigen Unterbrechen des Lernens, so dass gar keine Konzentration und somit Lernergebnisse eintreten kann. Und nein, wenn du in deinem Lernzeitfenster bist, ist es nicht wichtiger im Netz zu surfen. Es ist auch nicht schlimm, wenn deine besten Freunde ein Stunde auf deine Antwort warten müssen. Bleib stark!

Pomodoro - Methode

Sie hat ihren Namen von einem Küchenwecker in Tomatenform und ist schon Jahrzehnte alt und bewährt. Du stellst deinen Timer dabei auf 25 min und arbeitest in dieser Zeit konzentriert an deinen Aufgaben. Danach entspannst du dich 5 min. Nach vier 25 min Blöcken folgt eine längere Pause von 15-20 min für dich und dein qualmendes Gehirn. Probier die Methode aus und passe gegebenenfalls deinen Lernplan zeitlich an. Es gibt auch Pomodoro-Apps.

Ältere Mitschüler

Sie sind eine gute Quelle. Sie helfen dir neue Lehrer einzuschätzen und manchmal haben sie noch alte Arbeiten, mit denen du dich vorbereiten kannst. Lehrer sparen auch gern Energie und ändern oft ihre Tests nur wenig ab. Vielleicht kennst du ältere Mitschüler aus dem Sportverein, von Schulaktivitäten oder als größere Geschwister deiner Freunde. Wenn nicht, dann nimm deinen Mut zusammen und sprich sie auf dem Schulhof an, erkläre ihnen dein Ziel und bitte sie um ihre Mithilfe.

EXKURS: FÜR DIE GYMNASIASTEN - AUGEN AUF BEI DER KURSWAHL

Machst du Abitur, musst du in der 10. Klasse die Entscheidung für deine Leistungskurse treffen. Für eine durchdachte Auswahl solltest du folgende drei Faktoren in Betracht ziehen:

1. Welche Fächer interessieren dich?

Denn wie du weißt, ist es viel einfacher Lernstoff zu verinnerlichen, wenn er uns interessiert. Verhindere den Is-mir-egal-Troll!

2. In welchen Fächern hast du das Potenzial auf 15 Punkte im schriftlichen Teil?

Wenn du Interesse an Chemie mit seinen Experimenten und du dabei Spaß hast, heißt das noch nicht zwingend, dass du dort auch zu schriftlichen Höchstleistungen auflaufen kannst.

3. In welchen Fächern hast du das Potenzial auf 15 Punkte im mündlichen Teil?

In welchem Fach kannst du so richtig gut „schwätzen“? In mündlichen Prüfungen musst du vor allem das Gefühl vermitteln können, alles zu wissen. Das heißt, auch wenn du englische Grammatik heiß und innig liebst, aber aus lauter Angst vor Fehlern keinen geraden Satz herausbekommst, ist Englisch nicht dein Fach für die mündliche Prüfung. Arbeite an der Angst oder wähle ein anderes Fach! Frage dich außerdem, ob du vorher schon abschätzen kannst, mit wem du wahrscheinlich in den gleichen Kurs kommst? Wie gut und beteiligt sind die Schüler? Hast du die Möglichkeit von dem Lehrer als einer der Schüler im Einser-Segment wahrgenommen zu werden?

Was kannst du noch machen?:

- Schau dir die Lehrpläne und Prüfungen an - verstehst du in groben Zügen, was im Abitur drankommt? Wenn nein, hast du Lust diesen Stoff zu lernen?
- Bitte andere um ihren Rat: Sprich mit ehemaligen Abiturienten, die deine geplante Kurskombination gemacht haben. Haben sie noch Unterlagen, Tipps und Tricks für dich?
- Gibt es vielleicht an deiner Schule die Möglichkeit zum Schnuppern? Kannst du in einer Kursstunde beim Unterricht zuschauen?
- Wenn du bereits weißt, welches Studium du beginnen möchtest: Welche Fächer geben Pluspunkte im Bewerbungsverfahren um den Studienplatz?

DEINE TO-DO-LISTE

Mache einen Haken an die erledigten Aufgaben und behalte die noch offenen Punkte im Blick. Was hast du schon geschafft, was ist noch zu tun?

Schritt 1 - Ziele setzen	
▢	Denke nach und notiere deine Ziele. Was sind deine Schulziele: Langfristig, mittelfristig, kurzfristig?
Schritt 2 - Dein „Warum" klären	
▢	Lege dein „Warum" fest. Notiere deinen Motivationssatz auf dein Ziele-Plakat.
Schritt 3 - Wo stehst du?	
▢	Verschaffe dir wieder zuerst einen Überblick! Wie stehst du in deinen Fächern? Wo ist dein Verbesserungsbedarf? In welchen Fächern musst du Wissenslücken schließen?
Schritt 4 - Dein Gehirn kennenlernen	
▢	Identifiziere deine Dämonen und neutralisiere sie!
Schritt 5 - Die ideale Lernumgebung	
▢	Erschaffe dir eine tollen Ort, wo du Lust hast, konzentriert zu lernen.
Schritt 6 - Ins Tun kommen	
▢	Fang an! Erstelle deinen Lernplan und dann - bleib dran!
Schritt 7 - Die Schule selbst nicht vergessen	
▢	Auch in der Schule werden Noten vergeben - arbeite an deinen mündlichen Noten.

TEIL 3: BERUF - FINDE DEINE BERUFUNG

„Was willst du mal werden, wenn du groß bist?" Diesen Satz können Kindergartenkinder voller Begeisterung und völlig unbefangen für sich beantworten. Aber verschiedene Misserfolge und Erfahrungen in der Schule schränken uns dann immer weiter ein. Teilweise soweit, dass auch du wie gelähmt an diese Frage denkst und es einfach nicht weißt. Es ist zum Verzweifeln, denn bald musst du es wissen und eine Entscheidung treffen - sei es für einen Ausbildungsplatz oder für ein Studium. Damit wählst du auch die Aufgabe aus, die dich dann wieder Jahre beschäftigen wird. Auch dort kommen wieder Prüfungen und deren Vorbereitung auf dich zu. Wie du das erfolgreich absolvierst, hast du in Teil 2 gelernt. Der Aufwand soll sich jedoch auch für dich lohnen. Schließlich verbringst du den Großteil deiner Lebenszeit mit deiner Arbeit. Außer natürlich, du hast nach Teil 1 beschlossen, Frugalist zu werden und mit 35 in Rente zu gehen. Aber auch dann wirst du ein paar Jahre richtig ranklotzen müssen. Wenn du jedoch Sonntagabend schon mit Grauen an die kommende Woche denkst, und am Montagmorgen schon den Freitagabend herbeisehnst, sinkt deine Lebensqualität massiv.

Deshalb ist es extrem wichtig, dass du diese Entscheidung sehr bewusst triffst - und nicht aus dem Bauch heraus, durch Zufälle oder gar von deinen Eltern bestimmt.

Dieses Kapitel solltest du dir auch später immer mal wieder durchlesen und über dich nachdenken. So wie sich dein Leben verändert, veränderst du dich schließlich auch! Das ist der Sinn dieses Lebens: Zu wachsen, sich weiterzuentwickeln und zu entfalten. Deshalb solltest du diesen Check immer und immer wieder in deinem Leben wiederholen. Spätestens, wenn du merkst: ich bekomme den Sonntagabend-Blues und denke nur noch voller Unlust an die anstehenden Aufgaben, dann ist es Zeit einen neuen Plan zu schmieden.

Das Vorgehen ist immer das gleiche: Bevor du dich für einen Beruf entscheidest, musst du dich erst einmal selbst viel besser kennenlernen. Danach solltest du verschiedene Berufe besser erforschen. Im letzten Schritt legst du alles übereinander und schaust, was genau am besten zu dir passt.

Wichtig - Es gilt eine Devise, die bereits Konfuzius, ein chinesischer Philosoph, vor über 2000 Jahren ausgab: „Wähle einen Beruf, den du liebst und du brauchst in diesem Leben nie mehr zu arbeiten." Klingt zu schön, um wahr zu sein? Nicht ganz. Probiere die folgende Schritte aus!

SCHRITT 1 - FINDE HERAUS, WER DU BIST

Bevor du dich nach passenden Berufen umschauen kannst, musst du dir erst einmal klar werden, wer du eigentlich bist. In der Berufsberatung basieren viele Tests auf deiner Selbsteinschätzung - aber mal ehrlich, das sind doch meist Bauchentscheidungen auf einer fixen Skala, wenn man sich vorher noch nie Gedanken über sich selbst gemacht hat. Deshalb empfehle ich dir vor Tests der Berufsberatung einen Selbst-Check und anschließend einen Umfeld-Check zu machen.

Selbst-Check

Beantworte dir die folgenden Fragen. Sei dabei ehrlich zu dir selbst, aber auch nicht zu selbstkritisch! Notiere alles, was dir einfällt.

Wer bin ich? Wofür stehe ich?

Wie bin ich?

Was kann ich gut? Was kann ich besonders gut? Was mache ich gern?

Was kann ich nicht? Was mache ich nur ungern?

Wie wirke ich auf andere? Wie würden meine Freunde mich beschreiben?

Umfeld-Check

Jetzt denke nach, welche fünf oder auch mehr Personen dir gerne Rückmeldung zu den folgenden Fragen geben. Das können zum Beispiel deine Freunde sein. Achte aber darauf, dass dir auch mindestens drei Erwachsene aus deinem Umfeld (Eltern, Lehrer, Gemeindemitglieder usw.) antworten. Kläre am besten persönlich in einem kurzen Gespräch ab, ob die Person bereit ist, dir Feedback zu geben und schicke die Fragen anschließend per Email. Notiere auf der nächsten Seite die gesammelten Rückmeldungen.

Du kannst zum Beispiel folgenden Text senden:

„Sehr geehrte Frau / Sehr geehrter Herr X,

wie in der Schule (wahlweise anderer Ort) bereits besprochen, mache ich mir gerade sehr viel Gedanken über meine Zukunft und meine Berufswahl. Ich möchte Sie daher um die Beantwortung der folgenden Fragen bitten. Das wird mir helfen, besser zu verstehen, welches Bild andere von mir und meinen Stärken haben und in welchen Punkten ich mich noch weiterentwickeln kann.

Die Fragen sind:
Was sind meine schulischen Stärken? Welche fachlichen Fähigkeiten sind bei mir stark ausgebildet?
Was sind meine menschlichen Stärken?
Wo sehen Sie bei mir noch Möglichkeiten mich weiterzuentwickeln?
Was stört Sie an mir?

Bitte klicken Sie auf Antworten und ergänzen Sie direkt in dieser Email.
Ich möchte mich ganz herzlich für Ihre Unterstützung bedanken!

Viele Grüße

Dein Name"

Notiere alle gesammelten Rückmeldungen für jede Frage auf den folgenden Seite. Denke auch daran, dich nochmals bei den Menschen zu bedanken, dass sie sich Zeit dafür genommen haben.

Was sind meine schulischen Stärken und fachlichen Fähigkeiten?

Was sind meine menschlichen Stärken?

Wo sind meine Möglichkeiten mich weiterzuentwickeln?

Was stört andere an mir?

Bravo! Damit hast du alle deine Fähigkeiten und Talente, aber auch deine Verbesserungspotenziale zusammengetragen.

SCHRITT 2 - FINDE DEINE BESTIMMUNG

Als ich in die 9. Klasse kam, bot meine Schule einen Neigungstest eines privaten Instituts an. Darin wurde ich über viele, viele Seiten zu meinen Interessen, Stärken und Schwächen befragt. Meine Eltern zahlten 100 DM (Deutsche Mark, die Währung vor dem Euro) und ich bekam wenige Wochen später das Ergebnis. Mir wurde vorgeschlagen, Theaterpädagogik, Jura, Betriebswirtschaft oder Medizin zu studieren. Ich fand alle Vorschläge interessant, aber ich konnte mich einfach nicht entscheiden. Also vertagte ich meine Entscheidung weiter und weiter - am Ende studierte ich Betriebswirtschaft gekoppelt mit Sprachen. Ich bin glücklich und zufrieden mit dieser Wahl und allem, was daraus resultierte. Doch ich kann mir heute sehr gut vorstellen, dass ich auch eine tolle Ärztin geworden wäre. Aber für die Entscheidung zur Medizin fehlte mir damals der Mut – ich war ohne konkrete Einblicke ins Studium und vor allem das Berufsleben. Dir soll es besser als mir ergehen, deshalb zeige ich dir hier auf, wie ich heute meinem 14-jährigen Ich zur Seite stehen würde.

Dein Bestimmungsquadrat

Du weißt nach Schritt 1, was du gerne tust und worin deine Stärken bestehen. Um deine Bestimmung zu finden, musst du noch herausfinden, mit welchen Berufen du damit Geld verdienen kannst und ob du auch genügend Sinn aus dieser Arbeit für dich ziehen kannst. Sind diese vier Aspekte im Gleichgewicht, hast du sehr gute Aussichten, dass du damit deine Bestimmung gefunden hast.

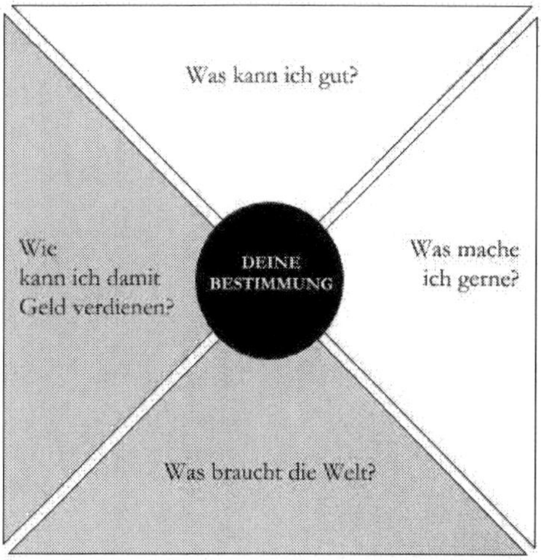

Jetzt kommt die eigentliche Arbeit - finde Berufe, die alle Felder abbilden: nämlich dass du mit deinen Fähigkeiten und Talenten gerne etwas machst, was die Welt braucht und wofür dich auch noch jemand bezahlt.

Denke nach: Wer aus deiner Umgebung kann dir helfen Berufe zu finden? Deine Eltern? Jemand aus der Gemeinde? Vielleicht ein Lehrer deines Vertrauens? Oder der Berufsberater in der Arbeitsagentur deiner Stadt?

Entwickelt gemeinsam eine Liste mit Berufen, die in dieses Quadrat passen und du gerne für dich überprüfen möchtest. Notiere hier deine Berufsliste.

Und dann fängst du an. Du gehst einfach raus in die Welt und findest Menschen, die bereits in diesem Beruf arbeiten und fragst sie nach ihren Erfahrungen! Wie das geht, kommt gleich! Diesen ganzen Vorgang wiederholst du solange, bis du einen Beruf gefunden hast, der für dich passt. Vielleicht ist schon auf der ersten Liste ein Beruf dabei. Vielleicht braucht es aber auch ein paar mehr Anläufe. Du schaffst das!

SCHRITT 3 - NETWORKING

Networking oder Netzwerken ist ein Begriff aus dem Berufsalltag. Er bedeutet, dass Beziehungen und Kontakte gepflegt werden, um sich gegenseitig zu helfen, miteinander zu arbeiten oder auf eine andere Art und Weise zu kooperieren. Der Unterschied zwischen Kontakt und Beziehung ist die Nähe, die du mit deinem Gegenüber hast. Kennst du die Person schon lange und gut - oder hast du sie bisher erst einmal getroffen?

Um deinen Traumberuf zu finden, kannst du dein eigenes Netzwerk und die Netzwerke dieser Menschen gezielt nutzen. Du hast sicher schon mal von diesem „Vitamin B“ (B wie Beziehung) gehört, das Türen öffnen kann, die dir sonst vielleicht verschlossen bleiben würden. Wie nutzt du dein Netzwerk? Schau dich mit den folgenden Fragen mal in deinem persönlichen Netzwerk, also in deinem Umfeld, um!

Dein Netzwerk besteht aus vielen Menschen, zum Beispiel: Mitgliedern deiner Familie, Familien deiner Freunde, Nachbarn, Lehrer, Freunde aus deinen Vereinen usw. Denke nach - wen kennst du alles? Wer hat welche Berufe? Welche davon interessieren dich? Notiere hier die für dich spannenden Personen.

Kennen diese Menschen aus deinem Netzwerk vielleicht noch andere Personen mit spannenden Berufen? Können dir die Menschen aus deinem Netzwerk den Kontakt zu diesen Personen herstellen?
Notiere hier die Namen und Berufe.

Aber auch außerhalb deines Netzwerks kannst du Kontakte knüpfen, falls du niemanden kennst, der in einem Beruf aus deinen Liste arbeitet. Frage dich hierzu:

Wer ist schon dort, wo du sein willst? Kennt jemand aus deinem Netzwerk diese Person und kann Euch vorstellen? Wenn nein, zu welchen Anlässen kannst du diese Person ansprechen? Gibt es zum Beispiel Ausbildungsmessen oder Unternehmensinformationstage? Hat die Person ein Profil in einem Online-Berufsnetzwerk wie Xing oder LinkedIn? Recherchiere diese Kontaktpunkte.

SCHRITT 4 - JOB-INTERVIEWS

Wenn du die Personen mit deinen Wunschberufen gefunden hast, ist es Zeit den nächsten Schritt zu gehen und diese aktiv anzusprechen. Am einfachsten ist es natürlich, wenn ihr euch bereits persönlich kennt oder durch einen gemeinsamen Kontakt gegenseitig vorgestellt werdet.

Hast du keinen persönlichen Kontakt, musst du über deinen Schatten springen und die Person selbst ansprechen - auch wenn du schüchtern bist. Du kannst zum Beispiel über den Positionsbegriff / Berufsbegriff nach Menschen suchen, die bereits deinen Wunschberuf haben. Registriere dich dazu bei Xing oder LinkedIn und lege dir ein ansprechendes Profil an. Recherchiere für dich interessante Personen. Sende ihnen eine Kontaktanfrage mit einem Erklärungstext (wenn das kostenlos möglich ist), z. B.: „Ich würde mich gerne mit Ihnen vernetzen, weil Sie meinen Traumberuf ausüben. Gern möchte ich Ihnen deshalb ein paar Fragen stellen. Freundliche Grüße, Dein Name“

Aber bedenke, Kontaktanfragen per Email oder per Xing / LinkedIn können im Alltag bei dem Kontakt durchaus untergehen. Vielleicht ist manchmal ein Anruf vielversprechender, auch wenn es mehr Mut kostet, sich durchzufragen!

Wenn du den Kontakt nun hergestellt hast, sei es durch dein Netzwerk oder durch deine eigene Recherche, läutest du die nächste Phase ein. Du bittest um ein kurzes persönliches Gespräch, um mehr über den Beruf zu erfahren. Du kannst anrufen oder schreiben und dabei deine Anfrage zum Beispiel so stellen: „Guten Tag Herr / Frau XY, Person X hat uns einander vorgestellt, denn ich möchte sehr gern mehr über Ihre Arbeit erfahren, da ich mich aktuell mit der Wahl meines Berufs beschäftige. Ist es für Sie in nächster Zeit möglich, 30 min für ein kleines Interview zu erübrigen? Zum Beispiel am xx.xx.xxxx um xx Uhr.“

oder

„Guten Tag Herr / Frau XY, vielen Dank für die Kontaktbestätigung auf Xing / LinkedIn. Ich möchte sehr gern mehr über Ihre Arbeit erfahren, da ich mich aktuell mit der Wahl meines Berufs beschäftige. Ist es für Sie in nächster Zeit möglich, 30 min für ein kleines Interview zu erübrigen? Zum Beispiel am xx.xx.xxxx um xx Uhr."

Bitte bedenke - sei bei der Terminierung flexibel, du willst mehr von deinem Gegenüber erfahren, das sich extra Zeit nimmt. Sei wertschätzend und versuche den Termin möglich zu machen. Denn trittst du kompliziert auf, kriegst du am Ende vielleicht gar keinen Termin und damit auch keine Informationen oder weitere Kontakte.

Das Interview bereitest du für jeden Job gezielt vor. Am besten mit stets gleichen Fragen und Fragen, die sich speziell auf den Beruf beziehen. Achte dabei darauf, offene Fragen (also keine Ja-Nein-Fragen) zu stellen, damit ein Gespräch in Gang kommt bzw. nicht ins Stocken gerät.

Dein Job-Interview - Gesprächsleitfaden zum Abschreiben und Mitnehmen

- Vorstellung deiner Person und warum du hier sitzt.
- Danke, dass die Person sich die Zeit nimmt, sich mit dir zu unterhalten.
- Frage, ob es ok ist, den Fragenkatalog abzuarbeiten, damit du keine Frage vergisst und ob du dir Notizen für ein besseres Erinnern machen darfst.
- Deine Fragen:
    1. Wie sind Sie zu Ihrer Tätigkeit gekommen?
    2. Was gefällt Ihnen am besten an Ihrem Beruf?
    3. Was mögen Sie am wenigsten an Ihrem Beruf?
    4. Was war wichtig in Ihrem Werdegang? Worauf muss ich achten, wenn ich Ihren Beruf ergreifen will?
    5. Mit welchem Gehalt kann ein Berufseinsteiger in Ihrem Beruf schätzungsweise rechnen?
    6. Können Sie mir einen Kontakt nennen, der mir noch mehr über Ihren Beruf erzählen kann?
    7. (Wenn es dir dort sehr gut gefallen hat:) Besteht die Möglichkeit in den Ferien ein Schnupperpraktikum bei Ihnen zu machen?
    8. Weitere Fragen, die für dich wichtig sind.
- Danke am Ende nochmals deinem Gegenüber- vielleicht hast du die Möglichkeit eine Kleinigkeit selbst herzustellen (backen, schnitzen, Marmelade machen, Obst aus dem Garten), diese Nettigkeit kannst du zum Abschluss als Dankeschön für die Zeit überreichen, die er / sie sich genommen hat.

Denke immer an das Trio: Wertschätzung, Höflichkeit und Respekt! Sie werden dir auch hier weiterhelfen.

SCHRITT 5 - KURZ-PRAKTIKA

Ein weiteres gutes Mittel, mehr über deinen Traumberuf herauszufinden, sind Praktika. Vielleicht kannst du im Anschluss an dein Job-Interview ein Praktikum machen, kommt natürlich darauf an, wie gut das Interview gelaufen ist. Vielleicht weißt du auch schon genau, wo du eine Ausbildung machen oder nach dem Studium arbeiten willst.

Warum also nicht gleich ein Sprung ins kalte Wasser machen und nach einem Praktikum fragen? Du kannst deinen Traumberuf gleich aus nächster Nähe erfahren und den Menschen bei ihrer Arbeit über die Schulter schauen. Organisiere dir dort ein Kurz-Praktikum. Entweder stellst du dich persönlich vor oder du schickst Ihnen deine Bewerbungsunterlagen. In der Schule hast du sicher schon gelernt wie ein guter Lebenslauf aufgebaut ist. Das Anschreiben dazu könnte zum Beispiel folgenden Text im Hauptteil enthalten - aber bitte vergiss nicht die ordentliche, zum Lebenslauf passende Form!

Hier ein Beispieltext für dein Anschreiben:

„Sehr geehrte Frau / Herr XY,

mein Name ist X und ich besuche die Y. Klasse der Z Schule. Seit einiger Zeit beschäftige ich mich näher mit meiner Berufswahl. Es fällt mir schwer, auf Basis einer kurzen Berufsberatung eine so wichtige Entscheidung für mein Leben zu treffen. Deshalb möchte ich gerne in den nächsten Ferien vom xx.xx. - xx.xx.xxxx bei Ihnen ein Schnupperpraktikum absolvieren. So kann ich den Beruf A noch einmal aus nächster Nähe erleben und Sie vielleicht etwas unterstützen.

Für ein Vorstellungsgespräch stehe ich natürlich sehr gerne zur Verfügung und verbleibe

Mit freundlichen Grüßen

Dein Vorname Name (Unterschrift über deinem Namen nicht vergessen)“

Mit etwas Glück knüpfst du hier entscheidende Kontakte und kannst zu weiteren (bezahlten) Arbeitseinsätzen kommen und vielleicht auch bald deinen Ausbildungsvertrag unterschreiben. Vorausgesetzt natürlich, der Beruf passt zu dem Bild, das du dir gemacht hast.

Für das Vorstellungsgespräch kannst du deine bisherigen Notizen aufbereiten und vorstellen. So sehen deine Gegenüber wie viele Gedanken du dir bereits gemacht hast und dass du es ernst meinst - und vor allem, dass du nicht deren Zeit verschwendest.

Wenn dein Praktikumseinsatz beginnt, notiere dir noch einmal alle Fragen, die du dir im Rahmen des Einsatzes beantworten möchtest. Worüber genau, willst du dir ein Bild machen? Und dann los - viel Spaß auf deiner Erkundungstour!

ANGST VOR ZURÜCKWEISUNG

Du hast die vorherigen Zeilen gelesen und dir dreht sich schon beim bloßen Gedanken an ein Job-Interview der Magen um? Dir fällt es schon schwer, daheim den Telefonhörer abzunehmen und nun sollst du aktiv auf Fremde zugehen?

Was du in diesem Moment fühlst, nennt sich die Angst vor Zurückweisung. Denn ein „Nein“ - das ist ein höchst unangenehmes Gefühl. Du fühlst dich vielleicht direkt abgelehnt und das kratzt sehr an deinem Selbstbewusstsein. ABER: Wenn du Hilfe brauchst, musst du danach fragen. Daran führt leider kein Weg vorbei! Stell dir all die verpassten Chancen vor, wenn du älter bist und denkst: „Hätte ich damals nur…“

Und überhaupt: Was ist das Schlimmste, was passieren kann? Du kassierst ein „Nein“. Na und? Dann stehst Du immer noch an der gleichen Stelle, aber du wirst niemals ein „Hätte ich damals nur…“ denken. Du hast es ja schließlich gewagt!

Was dir vielleicht hilft: In Verkaufsschulungen lernen Verkäufer sogar, dass ein NEIN nur „**N**och **E**in **I**mpuls **N**otwendig“ bedeutet. Sie legen Listen mit 100 Neins vor sich hin und streichen jedes Mal ein Nein weg, wenn sie es von ihren Kunden hören. Sie versuchen es unbeirrt weiter, solange bis ein Ja von einem Kunden kommt. Was lernst du daraus: Ausdauer und Hartnäckigkeit sind sehr wichtige Eigenschaften - gerade wenn es um deine Zukunft geht!

WORAN DU EINEN GUTEN BERUF ERKENNST

Wenn du dauerhaft mit deinem Beruf zufrieden sein möchtest, sollte er verschiedene Kriterien erfüllen. Es hängt natürlich von deinen eigenen Lebenszielen ab, wieviel Wichtigkeit du jedem dieser Punkte verleihst:

1. Abwechslung oder Routine

Wie soll deine Aufgabe später gestaltet sein? Möchtest du Aufgaben, die sich immer wiederholen? Oder möchtest du immer wieder wechselnde Aufgaben? Beides ist gerechtfertigt, wichtig ist nur, dass du nicht in Routine-Aufgaben abbiegst, wenn du Energie aus neuen Aufgaben ziehst bzw. irgendwann völlig überfordert vor den ständig neuen Anforderungen kapitulierst.

2. Gutes Betriebsklima

Wir verbringen sehr viel Zeit auf Arbeit. Da wir dort mit Menschen als Kollegen, Chefs oder Kunden zu tun haben, ist es essentiell wichtig, wie diese Beziehungen zueinander gestaltet sind. Du kennst es schon aus dem Schul-Kapitel: Wertschätzung, Höflichkeit und Respekt sind keine Einbahnstraße und bilden die Grundlage für jedes Miteinander. Wer in einem guten Betriebsklima arbeitet, übt seinen Beruf gerne aus und geht gerne auf Arbeit.

3. Gute Bezahlung

Geld ist zwar nicht alles, wie du schon im Kapitel „Ohne Moos nix los“ gelernt hast, dennoch lohnt es sich darüber Bescheid zu wissen. Es gibt einige Berufe, die viel Freude machen und gesellschaftlich unglaublich wichtig sind, aber leider sehr schlecht bezahlt werden. Dazu zählen übrigens die meisten sozialen Berufe wie Erzieher, Alten- oder Krankenpfleger. Diese Arbeit ist oft auch mit körperlichem Einsatz bei der Pflege verbunden. Im Schicht-Betrieb kommt noch eine zeitliche Belastung hinzu. Trotzdem werden diese Berufe immer noch schlecht bezahlt und der somit eigentlich sehr hohe Mehrwert und Sinn nicht gewürdigt. Wenn du mit Herz bei deinem Beruf dabei bist, dein Gehalt aber hinten und vorne nicht reicht, stiftet das Frust und Desillusionierung. Also recherchiere im Internet nach der Gehaltsspanne und verhandle eine faire Bezahlung bei deiner Berufswahl!

4. Chancen zur Weiterentwicklung

Wenn du ehrgeizig bist und dich nach oben arbeiten willst, solltest du einen Job mit Entwicklungspotenzial wählen oder selbst ein Unternehmen gründen. Vielleicht ist es für dich im Moment nicht so wichtig, es kann aber ein Problem werden, wenn du später einmal feststellst, dass du einen Beruf gewählt hast, bei dem du in einer Sackgasse steckst. Meistens geht außerdem die berufliche mit einer finanziellen Weiterentwicklung Hand in Hand. Also achte auf die Möglichkeiten zum beruflichen Aufstieg bei deiner Berufswahl!

5. Work-Life-Balance
Natürlich nimmt die Arbeit im Erwachsenen-Leben einen Großteil deiner Lebenszeit ein. Doch es ist extrem wichtig, dass du auch ein gutes Leben neben deiner Arbeit führst. Du solltest Zeit haben, dich um deine Gesundheit zu kümmern, mit deiner Familie und Freunden schöne Stunden zu verbringen und andere Interessen oder Ehrenämter zu verfolgen. Solltest du jemals spüren, dass es dabei dauerhaft ein Ungleichgewicht gibt, ergreife Maßnahmen, um das zu ändern!

6. Jobsicherheit
Jobsicherheit ist zwar eine Illusion, dennoch gibt es Jobs, die unsicherer sind als andere. Überprüfe bei deiner Berufswahl, inwiefern die Hauptaufgaben durch die Digitalisierung zukünftig durch Roboter oder künstliche Intelligenz erledigt werden könnten. Diesen Punkt kannst du auch im Rahmen deiner Job-Interviews genauer klären. Oder du recherchierst im Internet, indem du „Digitalisierung + den Namen deines Traumberufs“ eingibst.

IMMER EITEL SONNENSCHEIN?!

Eine Sache solltest du bei allem nicht vergessen: Dein gesundes Augenmaß! Es gibt nur wenige Berufe, die sich die ganze Zeit gut anfühlen. Es gibt natürlich auch Durststrecken im Leben, die du überstehen musst. Vor allem während deiner Ausbildungszeit und im Berufseinstieg gilt es, dir erst einmal einen gewissen Stand zu erarbeiten. Das ganze Vorgehen in diesem Kapitel soll dir helfen, einen besseren Blick auf verschiedene Berufsbilder zu werfen und daraus vielleicht auch Folgen für dein jetziges Schulleben abzuleiten.

Vielleicht brauchst du zum Beispiel einen bestimmten Notenschnitt, um diese Ausbildung oder das Studium machen zu können? Vielleicht musst du auch Abstriche machen, zum Beispiel bei den Arbeitszeiten oder der Bezahlung?

Wichtig ist jedoch, dass du weißt, worauf du dich einlässt und dass der Beruf zu deinen Lebenszielen passt. Wer immer am Wochenende freihaben will, sollte besser nicht im Krankenhaus arbeiten oder Straßenbahnfahrer werden. Wer Langschläfer ist, wird besser kein Bäcker. Wer Blut nicht sehen kann, ist weder als Arzt noch als Fleischer geeignet. Und wer Lärm hasst, sollte eher kein Lehrer oder Erzieher werden.

Ein weiteres Ziel ist außerdem, dass du eine bewusste Entscheidung triffst und dich nicht treiben oder sogar deine Eltern über deinen Beruf entscheiden lässt! Dann kann ich dir versichern, dass du, so nett und gut es gemeint sein mag, in ein, zwei Jahrzehnten in eine tiefe Sinnkrise fallen wirst. Da muss schon viel Glück zusammenkommen, dass deine Lebenswünsche und -ziele mit denen deiner Eltern wirklich übereinstimmen. Dass immer mehr Ausbildungsbetriebe und Universitäten Elternabende und -sprechstunden anbieten, finde ich mehr als erschreckend. Es wäre früheren Generationen nicht im Traum eingefallen, diese wichtige Lebensentscheidung nicht selbst zu treffen.

Damit sind wir wieder beim Kernpunkt: Die Konfirmation ist dein Übertritt in die Erwachsenenwelt - nimmst du die neue Rolle an und übernimmst du Verantwortung für dich? Oder bleibst du in der Kinderrolle und schickst deine Eltern zu Informationstagen an Berufsschulen und Unis? Das ist vielleicht bequemer, aber erreichst du damit deine Ziele?

DEINE TO-DO-LISTE

Mache einen Haken an die erledigten Aufgaben und behalte die noch offenen Punkte im Blick. Was hast du schon geschafft, was ist noch zu tun?

Schritt 1 - Finde heraus, wer du bist	
▢	Selbst-Check gemacht und eingetragen
▢	Umfeld-Check gemacht und eingetragen
Schritt 2 - Finde deine Berufung	
▢	Ansprechpartner gefunden, der dir bei der Erstellung deiner Berufe-Liste hilft
▢	Berufe-Liste auf Basis des Bestimmungsquadrats erstellt
Schritt 3 - Networking	
▢	Networking-Liste über alle meine Kontakte erstellt
▢	Networking-Liste mit meiner Berufe-Liste abgeglichen
Schritt 4 - Job-Interviews	
▢	Aussagefähiges Profil auf Xing und Linked-In erstellt
▢	Networking-Kontakte auf Xing oder Linked-In recherchiert und Kontaktanfragen versendet
▢	Kontakte aus deinem Netzwerk angesprochen
▢	Job-Interview Termine gemacht
▢	Job-Interview Fragen vorbereitet
▢	Dankeschön für das Job-Interview vorbereitet
▢	Job-Interviews durchgeführt
▢	Notfalls wieder von vorn angefangen, wenn der Beruf sich als unpassend für dich erwiesen hat

▢	Traumberuf gefunden
Schritt 5 - Kurz-Praktika	
▢	Traumberuf im Kurz-Praktikum live und in Farbe erlebt

TEIL 4: NOCH MEHR ANREGUNGEN

1. DEINE ELTERN

Vielleicht hat es bei dir daheim schon mal so richtig gekracht und du bist mit einem Elternteil oder beiden aneinander geraten. Das ist normal, denn du bist in der Pubertät - das ist der Lebensabschnitt, der dich vom Kind zum Erwachsenen entwickelt. Durch die Umstellung der Hormone wird dein Körper erwachsen und dein Gehirn zur Riesenbaustelle - manche Biologen halten dich übrigens während der Pubertät für absolut nicht zurechnungsfähig!

Die Pubertät gibt dir verschiedene Aufgaben: Du nabelst dich von deiner Familie ab und suchst deinen Platz in der Gesellschaft, meist beginnst du deine Suche nach deinem Platz in deinem Freundeskreis. Freunde werden unglaublich wichtig für dich. Schule, Hausaufgaben, Ordnung halten - alles andere nervt einfach nur noch.

Für deine Eltern ist dieser Zustand auch extrem belastend: Sie erleben dadurch ein Ende der Beziehung zu ihrem Kind und müssen eine neue Beziehung nach neuen Regeln zu ihrem erwachsenen „Kind" aufbauen. Das geht natürlich außerdem mit einem bitteren Kontrollverlust einher. Hast du nicht auch schon mal gesagt oder gedacht: „Das geht dich gar nichts an, das hier ist schließlich mein Leben!"

Das Gute ist: Du erfüllst deine „Entwicklungsaufgabe" während der Pubertät auf diese Weise ganz wunderbar. Das Schlechte ist, manche Eltern könnten in Panik verfallen – „Was soll aus dem Kind nur werden?" Für sie bist du nach wie vor der wichtigste Mensch im Leben. Sie wollen ihre Aufgabe als Eltern gut machen und dir den Start in ein schönes Leben ermöglichen. Es lastet ein enormer Druck auf den Eltern von heute, ihre Kinder so zu erziehen, dass sie erfolgreich im Leben bestehen können. Bitte hab bei allen Streitereien auch etwas Verständnis für sie. Der meiste Ärger mit deinen Eltern ist auf den Kontrollverlust und vor allem auf die Angst um dich zurückführen.

Also - be nice! Beruhige deine Eltern und überzeuge sie von dir. Das geht zum Beispiel mit guten Noten oder einem klaren Plan, was du wie angehen willst, wobei du noch ihre Hilfe erbittest und benötigst - und worin auch nicht mehr!

2. EIGENVERANTWORTUNG UND SELBSTBESTIMMUNG SIND DER SCHLÜSSEL

Je mehr Eigenverantwortung und Selbstbestimmung du für dich übernimmst - und Erfolg damit hast - umso mehr können deine Eltern dich auch loslassen. Weil sie zuversichtlich sind, dass du dich gut entwickeln und glücklich werden wirst. Und wenn sie nicht zuversichtlich sind? Dann ist es deine Aufgabe, sie von dir zu überzeugen!

Selbstbestimmung bedeutet, dass du frei und ohne Beeinflussung oder Einschränkung durch andere über die Gestaltung deines Lebens oder dein Handeln bestimmen kannst. Das ist dir sogar im Grundgesetz im Art. 2 (1) garantiert: „Jeder hat das Recht auf die freie Entfaltung seiner Persönlichkeit", jedoch mit der Einschränkung: „soweit er nicht die Rechte anderer verletzt und nicht gegen die verfassungsmäßige Ordnung oder das Sittengesetz verstößt."

Du merkst schon: Echte Selbstbestimmung ist gar nicht so einfach, denn wir werden ja oft von anderen beeinflusst. Denk nur einmal an Werbung und welche Kaufwünsche sie bei dir auslöst. Wenn du es aber schaffst, aus eigenem Antrieb heraus Schritt für Schritt dein Leben selbst in die Hand zu nehmen und es selbstbestimmt zu gestalten, wartet Zufriedenheit und Glück auf dich. Mit diesem Buch kannst von Teil 1 bis Teil 3 die wichtigsten Schritte ergreifen.

Warum solltest du das tun? Stell dir vor, du übernimmst nicht die Verantwortung für dein eigenes Leben. Dann kommt ja kein schwarzes Loch zustande oder dein Leben bleibt stehen. Nein, stattdessen werden einfach andere weiter über dich entscheiden, du darfst deine eigene Meinung und Wünsche hinten anstellen, deine Pläne streichen und du kommst keinen Schritt weiter.

Warum lassen sich dann so viele Menschen von außen steuern - nicht nur Kinder und Jugendliche? Weil es scheinbar leichter ist. Sie müssen so keine Energie aufwenden eigene Ideen, Ziele und Pläne für das Leben zu entwickeln und diese zu verfolgen. Doch wer nicht weiß, was er will, kann auch nicht selbstbestimmt handeln. Außerdem erfordert es eine ordentliche Portion Selbstbewusstsein, sich nicht mehr unterzuordnen, sondern für sich selbst einzustehen - gerade auch bei der Gefahr eines Scheiterns. Dann könnten ja die Schlaumeier kommen - mit einem „Hab ich es dir nicht gesagt, das wird sowieso nichts."

Du hast es im Schulkapitel schon gelernt. Ein Traum, den du aufschreibst und mit einem Datum versiehst, wird ein Ziel. Ein Ziel, das du in kleine Schritte herunterbrichst, wird ein konkreter Plan. Und ein Plan, den du aktiv umsetzt, wird zu deiner Realität.

Es gibt ein schönes Buch von Bronnie Ware namens „5 Dinge, die Sterbende am meisten bereuen". Bronnie hat als Pflegerin einige Sterbende bis zu ihrem letzten Atemzug begleitet. In den letzten Tagen vor dem Tod haben die Sterbenden meist bereut nicht mutig genug oder frei und unabhängig genug gewesen zu sein, um den eigenen Weg zu gehen. Lass dir das eine Mahnung sein und denke an dein Uralt-Ich, dessen Lebenskraft zu Ende geht. Was wirst du bereuen, nicht getan zu haben? Was wirst du bereuen, nicht erlebt zu haben? Am meisten bereuen wir am Ende die Dinge, die wir nicht gemacht haben.

Also - Eigenverantwortung und Selbstbestimmung sind Gold!

3. DEINE BEZIEHUNG ZU DEINEN MITMENSCHEN

Bei Beziehung denken wir meist zuerst an Partnerschaften. Mit Beziehung ist jedoch auch der Kontakt zu allen Personen in unserem näheren oder weiteren Umfeld gemeint. Zu seinen Mitmenschen eine gute Beziehung aufzubauen, ist ein tiefes menschliches Bedürfnis. Wir alle suchen darin nach Halt, Wertschätzung und Akzeptanz - nach dem Gefühl Teil einer Gemeinschaft zu sein und geschätzt zu werden.

Wie kannst du gute Kontakte zu deinen Mitmenschen pflegen oder neue Kontakte aufbauen? Das ist eigentlich nicht so schwierig, probiere es aus!

- Interessiere dich für dein Gegenüber. Nimm dir Zeit und frage nach

Dingen, die aktuell in dessen Leben passieren oder beziehe dich auf ältere Gespräche und nimm ein altes Thema wieder auf. Stelle dabei offene Fragen (Mit W-Worten: Wer, was etc.) statt geschlossenen Ja-Nein-Fragen, damit ein Austausch entstehen kann. Wie geht es Dir? Was ist aus dem Thema XY geworden? Wie fühlst du dich nach XY? Warum strahlst du so? Wieso bist du traurig?
- Höre deinen Mitmenschen aufmerksam zu. Lass sie ausreden und bestätige, dass du ihnen folgst mit einem kurzen „aha".
- Gib auch etwas von dir preis und erzähle von dir.
- Bedanke dich stets, denn du bist höflich und gut erzogen.
- Vermeide eines absolut: Lästere nicht mehr! Spar dir diese Energie.

Bedenke immer bei deiner Kommunikation, sei es schriftlich über Chats oder face-to-face: Deine Aussage kann von deinen Mitmenschen immer völlig anders interpretiert werden und darauf hast du keinen Einfluss. Dazu hat Schulz von Thun sein 4-Schnäbel-Ohren-Modell entwickelt. Du kannst eine Nachricht also auf einer von 4 Schnabelarten meinen, aber dein Gegenüber muss es nicht zwingend mit dem „passenden" Ohr hören. Die vier Arten sind die Sachebene, die Beziehungsebene, der Appell oder die Selbstoffenbarung.

Ein Beispiel: Das Papierfach im Drucker ist leer. Du sagst: „Das Papier ist alle." Auf welche Arten die Aussage gesagt und von deinem Gegenüber verstanden werden kann, siehst du in der Tabelle.

Du	Ebene	Gegenüber
Einfache Feststellung, das Papier ist alle.	Sachebene	Einfache Feststellung, stimmt, das Papier ist alle.
Warum achtet mein Gegenüber nicht darauf? Das habe ich schon hundertmal gesagt.	Beziehungsebene (was du von deinem Gegenüber denkst und wie es auf dich reagiert)	Und schon wieder werde ich belehrt.
Füll es auf, ich will gleich drucken.	Appell (was du von deinem Gegenüber als Aktion erwartest)	Ok, ich kümmere mich darum.
Ich will gleich drucken und weiß nicht, wie ich es auffüllen kann.	Selbstoffenbarung (was du von dir preisgibst und dein Gegenüber erkennen kann)	Du bist ungeduldig (und unfähig).

Wenn nun verschiedene Schnäbel und Ohren aufeinander treffen, ist Streit vorprogrammiert. Noch schwieriger wird das Ganze, wenn es ohne weitere Informationen wie Stimmlage, Lautstärke, Gestik und Mimik als Nachricht gesendet wird. Zum Beispiel ist das ein Grund, warum manche Unterhaltungen bei Chats eskalieren. Weil man komplett aneinander vorbeischreibt - ist dir bestimmt auch schon mal passiert.

Also - gehe also bei Streits noch einmal in dich, welche unterschiedlichen Ebenen könnten aufeinander geprallt sein? Und dann rückst du es gerade. „Es war ganz anders gemeint, nämlich usw."

4. SEXUALITÄT

Ein weiterer wichtiger Punkt in Sachen Erwachsenwerden ist natürlich die Entwicklung deiner sexuellen Identität, das Ausprobieren und Erfahrungen sammeln. Wie bereits in der Einleitung geschrieben, füllt dieser Aspekt allein schon unzählige Bücher. Trotzdem drei wichtige Hinweise:

1. Versende NIEMALS Nacktbilder von dir in Chats! Denn erstens gibst du die Rechte an diesen Bilder durch das simple Hochladen meist direkt an den App-Anbieter ab. Und zweitens hast du dann keinerlei Kontrolle mehr, was der Empfänger mit diesen Bildern machen wird. Sicherlich hast du weder Interesse daran, dass im schlimmsten Fall die ganze Schule deinen Körper nackt sieht. Oder dein Bild über Umwegen im Netz landet und dort für Perverse oder vielleicht später sogar für Arbeitgeber auffindbar wird. Es gibt bereits heute Suchmaschinen mit Bilderkennung - wie wird das wohl in ein paar Jahren sein, wenn du einen Beruf ergreifen willst oder dich für ein offizielles Amt bewerben möchtest? Willst du riskieren, dass dich das DickPic oder das Oben-Ohne-Bild deiner Jugend dann lächerlich macht?
2. Selbstbestimmung und Eigenverantwortung (siehe oben): Es ist dein Körper. Niemand hat das Recht, Grenzen zu überschreiten, über deinen Körper zu verfügen oder ihn zu benutzen. Du bestimmst über dich und musst deshalb auch Verantwortung für deinen Körper übernehmen. Schütze dich beispielsweise mit Kondomen vor Geschlechtskrankheiten und ungewollter Schwangerschaft.
3. Alkohol, Drogen und Sex sind keine guten Partner. Achte auf Partys und wenn du ausgehst darauf, dass du NIEMALS zu betrunken bist und die Kontrolle verlierst. Dann bist du ein leichtes Opfer für die Machenschaften boshafter Mitmenschen. Wenn sie dummerweise auch noch alles mit einem Smartphone festhalten, wirst du dich vielleicht ewig über den einen Fehltritt ärgern. Achte außerdem immer auf deine

Getränke und nimm dir lieber ein neues Glas, als dass dich jemand mit K.O. Tropfen oder anderem Zeug unter Drogen setzen kann und dich wehrlos macht.

5. PORNOS

Oha, nein jetzt kommt kein Zeigefinger! Nur eine Klarstellung: Merke dir - Pornos sind nicht real. Sie sind sozusagen Sex-Fiction. Die meisten Jugendlichen haben schon welche gesehen. Nach einer neuen Studie schauen einige Jugendliche sie sogar regelmäßig.

Wusstest du schon folgendes? Pornos machen dich psychisch abhängig, weil sie für dein Gehirn einen Lustgewinn bieten. Genau wie Drogen. Auch wenn die Handlungen noch so absurd und irrwitzig sind.

Du weißt es eigentlich, aber lass es dir nochmal gesagt sein: Echte Sexualität funktioniert vollkommen anders. Durch Pornos kommt aber plötzlich eine Erwartung in deinen Kopf, die in der Realität anders abläuft und dich vielleicht sehr enttäuscht zurücklässt. Kein Mädchen oder Frau möchte in der Realität abschätzig als Lustobjekt behandelt werden bzw. will einem Mann so zur Lustbefriedigung zu Verfügung stehen. Auch Mädchen und Frauen haben Lust auf Sex, aber weibliche Sexualität wird jedoch so gut wie nie Pornos vorgestellt. Wie wollen Frauen umworben werden? Wie werden sie erregt und zum Orgasmus gebracht? Du kannst in Pornos kaum etwas darüber lernen.

Und auch kein Junge hat sich zu Beginn seiner sexuell aktiven Phase derart unter Kontrolle, um porno-artig seinen Mann zu stehen. Es entsteht vielleicht der Zwang im Bett die gleiche Leistung abzuliefern. Schon alleine die Anbahnung sexueller Kontakte ist in der Realität grundverschieden. Oder kannst du dir vorstellen, dass deine Nachbarin den Paketboten sofort vernascht, nachdem er klingelte? Möchtest du so verführt werden?

Pornos prägen außerdem ein Schönheitsideal, was bestimmte Körpermaße und -beschaffenheiten angeht und lösen damit Komplexe aus. Lass dich davon nicht einschüchtern!

Was ist problematisch finde: Du kennst Sexualität und viele Praktiken aus Pornos, bevor du auch erste eigene Erfahrungen machen konntest. Du hattest keine Zeit deine eigenen Vorlieben und Gelüste, aber auch Grenzen und Tabus für dich auszuloten. Nimm dir mehr Zeit für dich und weniger für Pornos.

Übrigens: Pornos stehen in Zusammenhang damit, dass Verrohung und sexuelle Übergriffe zunehmen, weil die Grenzen des Akzeptablen zwischen der Pornowelt und der Realität von Jugendlichen nicht verstanden werden. Bist du schon einmal Opfer sexueller Belästigung geworden oder hast so etwas miterlebt?

Und abschließend - traurig aber wahr: Wer jahrelang Pornos schaut, hat das Risiko, dass die Realität irgendwann nicht mehr mithalten kann. Heute sitzen schon Mittzwanziger vor Sextherapeuten und berichten von Orgasmus-Hemmung, Erektionsstörungen, brauchen Viagra und sind am Ende vor allem eines: unglaublich einsam. Deshalb: Porno off - deine Sexualität on!

6. MACH MEHR BEWUSSTE PAUSEN

Im Kapitel Schule haben wir es schon einmal angesprochen: Dein Smartphone. Ein Hauptproblem, warum viele Menschen heutzutage dauerhaft gestresst sind, ist die permanente Erreichbarkeit und das Online-Leben. Viele Therapeuten schicken ihre Klienten mittlerweile Waldbaden, damit die Menschen überhaupt wieder mal raus in die Natur gehen. Das heißt, sie gehen raus in den nächsten Wald und gehen dort bewusst spazieren. Sie riechen die Waldluft, sie umarmen sogar die Bäume.

Mach das (in Teilen) nach! Gib dir bewusste Zeitfenster, in denen du dir den Luxus gönnst, nicht online oder erreichbar zu sein. Geh am besten raus in die Natur. Den Wald um die Ecke oder den Park. Gib deinen Augen die Möglichkeit, mal wieder in die Ferne zu schweifen. Gib deinen Ohren die Chance, die Natur zu hören - das Rauschen des Winds, das Zwitschern der Vögel. Finde eine Umgebung, in der du mal wieder runterkommen und neue Kraft schöpfen kannst.

Warum ist das so wichtig?
Unser heutiges Leben hat die Natur für unsere Art so nicht vorgesehen. Wir leben quasi nicht artgerecht. Weder den Bewegungsmangel, die Überernährung mit ungesunden Nahrungsmitteln noch das dauerhafte Drinnenleben in Gebäuden. Gib dir die Chance, dich wieder „artgerechter" zu verhalten und du wirst mehr Kraft und Ruhe tanken, um über deinen Lebensweg nachzudenken und Wege zu finden, ihn selbstbestimmt zu gehen.

7. SUCH DIR GLEICHGESINNTE

Im Kapitel Schule hatten wir das Thema, dass du der Durchschnitt der fünf Menschen bist, mit denen du am meisten Zeit verbringst. Darüber hast du vielleicht schon nachgedacht. Ich möchte dir noch einen Tipp geben:

In der Erwachsenenwelt gibt es sogenannte Mastermind-Gruppen. Das ist eine Gruppe von Menschen, die sich zusammenfindet, um sich gegenseitig bei der Erreichung ihrer Ziele zu unterstützen. Die Gruppe sollte nur wenige Mitglieder haben, denn sonst dauern die Treffen sehr lange. In einem ersten Treffen stellt jeder seine Ziele den anderen vor. In den folgenden Treffen stellt jeder vor, wie gut oder schlecht man mit der Erreichung der Ziele voran kommt. Die Gruppe gibt Tipps oder unterstützt jeden Einzelnen bei Schwierigkeiten.

8. EIN PAAR GUTE GLAUBENSSÄTZE FÜR DICH

Ich fühle mich wohl in meinem Körper.
Ich bin richtig, so wie ich bin.
Ich schaffe alles, was ich mir vornehme.
Alles, was ich mir vorstellen kann, kann ich auch erreichen.
Ich erreiche meine Ziele.
Ich finde meinen Weg.
Ich überwinde Hindernisse.
Ich habe Menschen um, die mich lieben und unterstützen.
Ich liebe Geld und Geld liebt mich.
Geld ist mein Diener. Ich habe stets genügend Diener.

Fallen dir noch mehr ein? Schreibe deine Lieblingsglaubenssätze auf Klebezettel und verteile sie stets gut sichtbar für dich in deinem Zuhause. Zum Beispiel auf deinem Zieleplakat, neben deinem Zahnputzbecher, über deinem Bett und so weiter.

9. SEI NACHHALTIGER ALS DIE ÄLTEREN GENERATIONEN

Der Hyperkonsum der westlichen Welt vernichtet systematisch und schneller als jemals zuvor unsere gemeinsame Lebensgrundlage: die Ressourcen unserer Erde. Jedes Jahr markiert der Earth Overshoot Day das Datum, an dem alle theoretisch für das Jahr verfügbaren Ressourcen verbraucht sind. 1970 war das noch der 1. Dezember, 2017 war es bereits der 2. August. Da waren also noch fünf Monate bis zum Jahresende übrig! Wenn alle Menschen der Welt so wie wir in Deutschland konsumieren und Ressourcen verbrauchen würden, bräuchten wir 3,2 Erden. Für das Verbrauchsverhalten der Australier gilt sogar 5,2 Erden.

Vielleicht hast du schon einmal von Minimalisten gehört. Das sind

Menschen, die sich bewusst dafür entschieden haben, ihr Leben zu entrümpeln und das Maß ihrer Dinge zu verkleinern und weniger zu besitzen oder zu konsumieren. Extreme Minimalisten kommen mit 100 Gegenständen aus!

Die Logik dahinter ist folgende: Wer weniger konsumiert, also weniger Dinge kauft, braucht weniger Geld. Wenn du weniger Geld brauchst, kannst du es entweder in deine finanzielle Vorsorge investieren und Geld für dich arbeiten lassen. Oder du kannst deine Arbeitszeit reduzieren und mehr Zeit mit deiner Familie, deinen Hobbies oder Ehrenämtern verbringen.

Neben der Zeit kommt aber auch noch ein weiterer Faktor dazu. Wer in westlichen Staaten arbeitet, lebt und viel konsumiert, ist natürlich ein guter Bürger. Denn durch verschiedene Steuern trägt er zum Einkommen des Staates bei. Die Kehrseite der Medaille ist aber auch, dass diese Menschen zur Zerstörung der Umwelt, Ressourcenverschwendung und Ausbeutung der Armen in Billiglohnländern beitragen.

Was kannst Du tun? Klar, du kannst nicht die ganze Welt retten, aber du kannst klein anfangen. Und wenn jeder das tut, hat das einen großen Effekt. Geh doch mal in dich! Was von all dem Kram um dich herum brauchst du wirklich? Was liegt schon ewig ungenutzt herum. Sortiere aus, schaffe Platz! Es tut deiner Seele gut und deinem Geldbeutel ebenfalls.

Kennst du den Spruch: „Wir kaufen Dinge, die wir nicht brauchen, von Geld, das wir nicht haben, um Menschen zu beeindrucken, die wir nicht mögen.“? Tust du das auch? Wie ist dein Konsumverhalten? Muss es immer ein teures Smartphone sein? Schafft es die Werbeindustrie schnell und leicht den Kaufwunsch bei dir auslösen? Hast du gewusst, dass sich zum Beispiel Autowerbung auch immer mehr an Kinder richtet, weil sie maßgeblich bei der Kaufentscheidung einbezogen werden. Kinder sind nicht mehr Kinder für die Wirtschaft. Kinder sind bereits Konsumenten.

Beschäftige dich mehr mit den Produktionsbedingungen deiner Kleidung und Gadgets! Hast du schon mal eine Dokumentation über Näherinnen in Bangladesch gesehen? Oder Fabrikhallen in China? Menschen, teils noch Kinder und junge Erwachsene - so alt wie du, setzen ihre Gesundheit für unser Konsumverhalten aufs Spiel.

Schau dir Online-Vorträge zur Postwachstumsökonomie an! Es wird darin ein neues Wohlstandsmodell beschrieben, was jedoch mit Verzicht in der westlichen Welt verbunden ist.

Beschäftige dich mit Sharing Economy! Was musst du wirklich besitzen und anschaffen? Was kannst du dir vielleicht auch ausleihen?

Fahre Fahrrad statt Auto - im Moment zwar noch als Mitfahrer, aber auch das stehenbleibende Elterntaxi hat einen Effekt. Dann bist du außerdem gleich noch an der frischen Luft und tust etwas für deinen Körper. Es gibt sogar ganze Familien, die autofrei leben.

Repariere deine Sachen! Lerne Dinge zu reparieren, statt sie wegzuwerfen. So schonst du wichtige Ressourcen und Materialien, die sonst vorschnell ungenutzt auf der Müllhalde landen oder verbrannt werden.

Du und deine gesamte Generation - ihr habt es in der Hand, diese Welt zu einem besseren Ort zu machen und wieder vernünftiger mit diesem Planeten umzugehen.

Hast du noch mehr Ideen? Halte sie hier fest:

DANKE!

Die Idee zu diesem Buch haben mir meine Kinder gegeben. Was möchte ich ihnen für den nächsten Schritt ins Erwachsenenleben mitgeben, ohne jedoch schon zu sehr in die Tiefe zu gehen? Was können sie schon selbst beeinflussen? Mein Mann hat mich bestärkt, das Buch zu schreiben. Nach der ersten Rohfassung waren sie meine Lektoren, meine schärfsten Kritiker und meine wohlwollenden Befürworter. Vielen Dank für eure Unterstützung! Ihr seid einfach die Besten!

Ein weiterer Dank geht an Sophie-Luise, die nochmal mit ihrem Input und ihrem Verständnis für Verbesserungen am Skript gesorgt hat.

Nicht zu vergessen Borg, Flo, Simone, Uta - vielen Dank für eure Feedbacks!

Doch am allermeisten, danke ich natürlich DIR! Du liest diese Zeilen und hast das Buch bis hierher geschafft. Ich hoffe, du nimmst viele Ideen, Anregungen und Tipps aus diesem Buch mit. Vor allem wünsche ich dir, dass dir nun die ersten Schritte in deiner Selbstentfaltung noch besser gelingen mögen.

Denk daran, gib niemals auf!

Werde zu der Person, die du sein willst! Hinterlasse die Welt ein kleines bisschen besser, als du sie vorgefunden hast. Sei das durch deine Arbeit und deren Ergebnisse oder durch deine Art, wie du das Leben deiner Mitmenschen schöner gemacht hast.

SCHREIB MIR DOCH MAL!

Ich bekomme gerne Post - aber so richtig old school, in Papier.
Schreib mir gerne deine Gedanken zu diesem Buch.

Was hat dir geholfen? Was nicht?
Was kanntest du schon? Was fehlt dir noch?
Hast du noch weitere Fragen oder Ideen, wie ich das Buch in der nächsten Auflage verbessern kann?
Gibt es Fotos von deinem Ziele-Plakat? Oder Vorher-Nachher-Bilder von deinem Zimmer? Oder deinen Zeugnissen?

Ich freue mich schon sehr darauf, von dir zu hören!

Deinen Brief sendest du an meine Adresse - die findest du im Impressum am Anfang des Buches.

Printed in Germany
by Amazon Distribution
GmbH, Leipzig

23824391R00059